UM ENCONTRO COM PAI JOÃO
Copyright © 2015 by Wanderley Oliveira
1ª Edição | Novembro 2015 | do 1º ao 9º milheiro
1ª Reimpressão | Fevereiro 2016 | do 10º ao 12º milheiro

DADOS INTERNACIONAIS
DE CATALOGAÇÃO PÚBLICA

A592e   ANGOLA, Pai João de. (Espírito)
         Um encontro com Pai João /pelo espírito Pai João de
         Angola; psicografado por Wanderley Oliveira.
         Belo Horizonte: Dufaux, 2015.

         223 p. ; 16 x 23 cm

         ISBN: 978-85-63365-76-7

         1. Espiritismo. 2. Espiritualidade. 3. Relações humanas.
         4. Diferenças individuais. 5. Obras psicografadas.
         I. Título.   II. OLIVEIRA, Wanderley

                                                         CDU – 133.9

Editora Dufaux
R. Contria, 759 - Alto Barroca
30431-028 Belo Horizonte MG
(31) 3347 1531   www.editoradufaux.com.br
comunicacao@editoradufaux.com.br

Conforme novo acordo ortográfico da língua portuguesa ratificado em 2008.

Os direitos autorais desta obra foram cedidos pelo médium Wanderley Oliveira à Sociedade Espírita Ermance Dufaux (SEED). Todos os direitos reservados à Editora Dufaux. É proibida a sua reprodução parcial ou total através de qualquer forma, meio ou processo eletrônico, digital, fotocópia, microfilme, internet, cd-rom, dvd, dentre outros, sem prévia e expressa autorização da editora, nos termos da Lei 9.610/98 que regulamenta os direitos de autor e conexos.

UM ENCONTRO COM PAI JOÃO

PAI JOÃO DE ANGOLA PELO MÉDIUM
WANDERLEY OLIVEIRA

Série
Romance Mediúnico

Dufaux
editora

SUMÁRIO

Prefácio
O amor dissolve a teia vibratória de
medo no planeta..8

Capítulo 1
Sobrecarga mental e a missão dos
médiuns saneadores 14

Capítulo 2
Estresse no enfoque da Medicina energética 30

Capítulo 3
Atendimento fraterno e vida mental..........................44

Capítulo 4
Tratamentos espirituais nos corpos sutis....................62

Capítulo 5
Sessão de terapia: o medo revelando talentos................80

Capítulo 6
Planejamento do casamento no mundo espiritual 100

Capítulo 7
Separação e cordões energéticos 118

Capítulo 8
Mediunidade saneadora e
desdobramento pelo sono 142

Capítulo 9
Curso de Medicina energética
nos relacionamentos 164

Capítulo 10
Projeto de cura para os
três principais medos 184

Entrevista com Pai João 196

PREFÁCIO

O amor dissolve a teia vibratória
de medo no planeta

"E, por se multiplicar a iniquidade, o amor de muitos esfriará."

Mateus, 24:12.

Você tem medo de espíritos? De gente morta?

Se isso acontece com você, preste atenção nesta prosa e saiba que "do lado de cá" também encontramos muitos espíritos com medo dos "vivos".

Imagine você já desencarnado, andando no passeio público de uma avenida como se estivesse no corpo físico. Várias pessoas encarnadas passam por você e, de repente, como se alguém o agarrasse pela camisa e o puxasse para trás, você é sugado por uma força incontrolável e é levado até uma pessoa desconhecida que, literalmente, cola sua cabeça na dela.

É o que acontece com muitos espíritos "do lado de cá", quando são absorvidos pela teia vibratória do medo de quem está no corpo físico. Na verdade, são os mortos que agora estão com medo dos vivos.

Existe um princípio espírita muito divulgado de que os espíritos influenciam os vivos a tal ponto que chegam a dirigir seus pensamentos[1]. Ampliemos este conceito porque, se os mortos dirigem os vivos, estes têm um poder muito maior de influência sobre os mortos por meio do desejo e do pensamento. Examinemos com cuidado o conjunto de textos em que o

---

[1] *O livro dos espíritos,* questão 459 - Allan Kardec - Editora FEB.

codificador alinhou o tópico: *Influência oculta dos espíritos em nossos pensamentos e atos.*

"Pode o homem eximir-se da influência dos Espíritos que procuram arrastá-lo ao mal?"

"Pode, visto que tais Espíritos só se apegam aos que, pelos seus desejos, os chamam, ou aos que, pelos seus pensamentos, os atraem."[2]

Existem muitos espíritos do lado de cá com o maior "medão" de se aproximar da vibração mais densa da crosta terrena, porque é como cair em uma areia movediça.

Não é exagero. Chegar muito perto dos vivos está muito perigoso. A matéria mental dos encarnados, tema analisado com cuidado por André Luiz no livro *Mecanismos da mediunidade*, é de uma força de ação muito mais intensa que a matéria mental mais sutil criada pela mente de desencarnados.

Matéria mental do medo! Que tema Pai João de Angola escolheu para refletir! Que assunto sério, uai! O "uai" foi só para não perder o costume de brincar e falar "mineirês". Escrever prefácio é algo muito sério. Não faz muito o meu jeitão (risos).

A teia energética do medo é de uma constituição atômica muito criativa. Deus caprichou! Suas moléculas podem se organizar de várias formas, dando origem a uma variedade infinita de sentimentos. Essa mutação é conhecida como "sentimentos híbridos"[3]. Na órbita do medo, podemos encontrar a ganância, a ansiedade, o pânico, a raiva, a insegurança, a preocupação, o estado de estresse e muitas enfermidades psíquicas e emocionais.

O medo de perder, por exemplo, pode ser a mola propulsora para que uma pessoa se torne gananciosa e absurdamente ma-

---

[2] *O livro dos espíritos*, questão 467 - Allan Kardec - Editora FEB.
[3] *Emoções que curam*, capítulo 1, autoria espiritual de Ermance Dufaux e psicografia de Wanderley Oliveira – Editora Dufaux.

terialista. O medo do futuro pode gerar a ansiedade e a insegurança, e, assim, vai se multiplicando essa rede de conexões que podem ser feitas entre o medo e o sistema emocional do ser humano.

Não foram poucos os pacientes atormentados com delírios e dissociação mental que atendi no plano físico como psiquiatra e aqui, na vida espiritual, também. Em ambos os casos, as engrenagens mentais estavam completamente tomadas pela sensação de ameaça e pela apreensão em decorrência desse sentimento de temor.

A filosofia materialista prega o "seja forte", "seja um vencedor" e, embutido nesse lema que inspira muita gente, é impossível ignorar os apelos veementes das emoções que não deixam de pulsar, independentemente dos danos causados por essa ideia de vencer a qualquer preço.

De forma sutil e oculta, a vida emocional vai corroendo o sistema nervoso e interferindo decisivamente no cérebro. Costumam chamar isso de motivação e garra; porém, essa atitude, que mais parece um ninho de cobras, a qualquer momento pode "picar uma veia do coração", premiando os desavisados com um infarto fulminante ou envenenando alguns com a droga da ansiedade, que mata lentamente.

O medo produz uma rotação desequilibrada nos chacras, abrindo os núcleos energéticos e criando uma força centrípeta, puxando tudo para dentro. É o autêntico "corpo aberto" mencionado pelos irmãos umbandistas.

Com essa polarização de atração, todo tipo de material correspondente a essa frequência vibratória de ondas longas adere à alma e, com o passar do tempo, esses elementos estranhos sofrem uma metamorfose e vão alimentando micro-organismos que, ao encontrarem ambiente fértil, se transferem e se alojam no duplo etérico. O resultado disso no corpo físico são algumas alergias, doenças no aparelho circulatório e nos rins, embora quaisquer sistemas possam ser afetados por essa emoção, dependendo da natureza e da proporção que a configura.

Temos escolas preparatórias em várias organizações do plano espiritual, com o objetivo de nos educar emocionalmente para sabermos lidar com esse sentimento. Nas organizações astrais mais próximas à Terra e também em esferas mais distantes, o sentimento mais estudado e merecedor de atenção de todos os socorristas e orientadores do planeta é o medo, sem dúvida nenhuma. As emanações do medo que vêm do plano físico têm causado impactos drásticos nos sentimentos de quem vai reencarnar. Até os mais elevados benfeitores não se eximem completamente dos receios a respeito do que pode acontecer com o planeta.

Vou resumir, de forma singela, alguns dados estatísticos em nossas escolas de preparação no astral que radiografaram a energia do medo nos diferentes continentes e o compararam a órgãos vitais do corpo humano.

No Oriente Médio temos o pulmão, onde multidões respiram o medo da crueldade e da ditadura estabelecendo os mais trágicos quadros de desumanidade.

Nos países desenvolvidos temos o cérebro, nos quais o pensamento cria os medos imaginários da perda diante dos apelos corruptores do consumismo.

Nos países mais pobres temos o coração, por estarem marcados por sentimentos do medo da miséria e da doença, causando dor e angústia.

Três zonas demarcadas pelo perigo, três matrizes produtoras da teia vibratória do pavor, do pânico e do terror em profundas e dolorosas expiações.

O que mais existe nessas regiões demarcadas pelas nossas estatísticas? Sobrecarga e estresse.

De trinta anos para cá, isso exigiu medidas extraordinárias dos chamados Protetores Espirituais da Natureza Astral, que tiveram de construir tecnologias importadas de mundos mais elevados com intuito de sanear, com uso de fogo etérico e medicação antioxidante, periodicamente, as partes astrais de grandes megalópoles e diluir para fora do planeta todo o volume massivo e destrutivo de matéria injetada pelo medo na psicosfera, por meio de drenos e rios de energia construídos nos cinco continentes.

Nesse momento cruel de tanta injustiça, é necessário parar para pensar na mensagem de Jesus: "E, por se multiplicar a iniquidade, o amor de muitos esfriará."[4]. A iniquidade é a mãe da descrença. E a descrença é a porta que se abre para a entrada na morada do medo. Descrentes não têm referência de segurança e se atiram no mar da instabilidade e da revolta.

Ter um ideal nobre no qual acreditar nesse momento, nutrir-se de um ideal superior, embalar sonhos e metas é fundamental para não se perder na tormenta da negação e da fragilidade.

Amar sempre, apesar das lutas. Acreditar sempre, apesar dos tropeços.

Coragem é enfrentamento, e não ausência de medo. Diante das catastróficas previsões e dos acontecimentos que ferem profundamente a sensibilidade, prossigamos sem permitir que nosso amor esfrie. Vamos mantê-lo flamejante e pulsante. Conservarmo-nos no amor é desenvolver a capacidade de achar caminhos e soluções para esse mundo que parece um turbilhão de desordem.

Quem tem olhos de amor, encontra saída e respostas, força e percepção, condições que nos permitirão avançar, cientes de que o mundo pode, aparentemente, acabar ou parar, mas nada pode impedir o avanço de quem ama.

O amor dissolve a teia vibratória de medo no planeta.

Inácio Ferreira
Belo Horizonte, agosto de 2015.

---

[4] Mateus, 24:12.

SOBRECARGA MENTAL E A MISSÃO DOS MÉDIUNS SANEADORES

"1ª Há pessoas que verdadeiramente possuem o dom de curar pelo simples contato, sem o emprego dos passes magnéticos?

Certamente; não tens disso múltiplos exemplos?

2ª Nesse caso, há também ação magnética, ou apenas influência dos Espíritos?

Uma e outra coisa. Essas pessoas são verdadeiros médiuns, pois que atuam sob a influência dos Espíritos; isso, porém, não quer dizer que sejam quais médiuns curadores, conforme o entendes."

O livro dos médiuns, capítulo 14, item 176.

O relógio marcava pontualmente quatorze horas na Casa da Piedade, organização de amparo no astral do Parque Municipal Américo Renné Giannetti, no centro de Belo Horizonte.[1] Estava me deslocando para uma tarefa externa de socorro acompanhado por Carminha, a enfermeira que sempre me assessora nas atividades dessa casa.

Humberto, um trabalhador devotado da Casa da Piedade, esforçava-se para ajudar sua filha Sabrina, que estava envolvida em grave crise no plano físico, e dona Modesta[2] e sua equipe atendiam ao seu pedido.

---

[1] No livro *Abraço de Pai João*, Editora Dufaux, podem ser encontradas informações mais detalhadas sobre a Casa da Piedade (N.E.).

[2] Maria Modesto Cravo nasceu em Uberaba, em 16 de abril de 1899, e desencarnou em Belo Horizonte, em 08 de agosto de 1964. Uma das pioneiras do Espiritismo em Uberaba, atuou com devotamento junto ao Centro Espírita Uberabense e ao Lar Espírita. Médium de excelentes qualidades, trabalhadora incansável do amor ao próximo e mulher de muitas virtudes, dona Modesta, como era conhecida, foi a fundadora do Sanatório Espírita de Uberaba.

Depois de várias tentativas de nossas equipes, a jovem se encontraria "casualmente" com Demétrius, médium encarnado que é colaborador de nossas atividades. Por várias vezes a jovem ensaiou procurar o centro espírita onde o médium trabalhava; no entanto, sempre um obstáculo a impedia.

Carminha e eu chegamos ao encontro do médium três minutos depois das quatorze horas. Dona Modesta e sua equipe já estavam ao lado dele em pleno trabalho de assistência. Demétrius estava no Banco do Brasil pagando contas pessoais. Era o terceiro na fila e estava quase chegando ao caixa, quando levou um susto. Repentinamente, percebeu que algo lhe foi atirado às costas, como se uma porção de gelatina quente fosse literalmente colada a seu corpo.

Teve a sensação de que o acontecimento era de natureza física e, assustado, olhou para trás passando a mão nos ombros, supondo que alguém teria jogado alguma coisa nele. Nada percebeu, mas sentiu suas costas esquentando e incomodando muito. Compreendeu que se tratava de algo fora das percepções físicas e buscou a oração. Ao orar, notou a presença de dona Modesta, que lhe dirigiu a palavra:

— Meu filho, Deus o abençoe! Perdoe-nos a interferência inesperada, mas temos um socorro urgente a prestar.

— O que está acontecendo aqui é espiritual? – indagou Demétrius.

— Quase isso. Vou lhe apresentar um espírito muito querido. Seu nome é Humberto – falou dona Modesta, tornando visível aos olhos do médium o senhor que se mostrava um tanto ansioso com a situação.

Ele tem uma filha em estado de extrema carência e dor e precisamos muito ajudá-la, ou ela poderá optar pela desistência da vida.

— O que eu posso fazer, dona Modesta?

— Olhe para a última pessoa no fim da fila e entenderá.

Demétrius olhou novamente para trás e percebeu uma jovem no último lugar da fila com muitos papéis nas mãos e muito agitada. Em concentração mais profunda, dilatando sua vidência mental, ele entendeu a situação em que ela se encontrava. Havia sobre a sua cabeça uma exteriorização de matéria energética adoecida que muito lembrava um vulcão em erupção. Acostumado a identificar a natureza desses acontecimentos, sabia que ela se encontrava em profundo estado de ódio, pois uma coloração marrom avermelhada envolvia sua mente. Virou-se novamente para a frente e disse:

— Dona Modesta! Quanta dor! O que ela tem?

— É um caso complexo. Está em profunda pobreza material, com filhos para cuidar e graves problemas afetivos.

— Como posso ser útil?

— Lamento pedir-lhe isso, mas preciso que você toque fisicamente o corpo dela.

— Mas... dona Modesta!

— Eu sei, meu filho, você tem contas e compromissos.

— Não, não é isso. Tocar o corpo, como? Nem a conheço...

— Será um leve toque. Nós lhe ajudaremos.

E Demétrius, com desejo de ajudar e pretextando ter desistido da fila, saiu sem chamar a atenção e foi para trás de Sabrina.

— Bom, e agora o que faço, dona Modesta?

— Coloque levemente a mão no ombro dela. Ela vai se virar e você se desculpa, dizendo que achava que ela fosse outra pessoa.

A cena foi delicada. Sabrina, que já se encontrava impaciente, ao ser abordada gentilmente por Demétrius, virou para trás e demonstrou nítida insatisfação, dizendo:

— O que o senhor quer?

— Ah! Desculpe-me, pensei que fosse outra pessoa. Perdoe-me!

— Pelo amor de Deus! Quanto mais rezo, mais assombração me aparece! – e virou-se para a frente, xingando.

— Desculpe-me senhora, foi um equívoco – disse o médium.

Subitamente, um pouco mais gentil, Sabrina virou-se novamente e disse:

— Pensando bem, acho que o senhor tem razão!

— Desculpe, senhora, não entendi.

— O senhor tem razão em achar que me conhece. O senhor não é o médium Demétrius?

— Sim, sou eu mesmo.

— Minha mãe, Mariana, frequenta seu centro espírita.

— Dona Mariana é sua mãe?

— Sim. O senhor desculpe minha indelicadeza, estou em um péssimo dia.

— Não se preocupe, eu entendo. Apareça no centro espírita uma hora dessas.

— Já marquei de ir lá várias vezes, mas acabei não indo. Amanhã vou lá com minha mãe, sem falta. Já havíamos combinado isso – falou a jovem, encerrando a conversa, e o médium também não esticou a prosa.

Demétrius ficou envergonhado, mas apenas por alguns segundos, porque a vergonha transformou-se em uma profunda e terrível dor. Olhou para a mão que tocou em Sabrina e viu um filete largo de uma gosma, semelhante àquela que foi jogada em suas costas e que parecia um chiclete, passava do pescoço da jovem para o braço dele, e depois para o tronco. Em poucos segundos, todo o seu corpo estava envolto naquela matéria viscosa e quente. Era a matéria mental do ódio.

Em estado de confusão mental e sem saber o que dizer, pediu licença para Sabrina e disse que se esqueceu de um papel e teria que voltar em casa. Assim que se afastou um pouco, ouviu dona Modesta dizer:

— Agora, antes de sair, retire o que sobrou. Olhe bem fixamente na cabeça dela e arranque mentalmente aquele pequeno tampão que foi colocado ali por adversários do bem e da luz que a querem morta.

Demétrius parou alguns instantes em um caixa eletrônico de onde podia ver a jovem e perguntou a dona Modesta:

— Posso puxar como sei, dona Modesta?

— Sinta-se à vontade.

Com uma força mental muito forte de magnetismo aplicado, ele arrancou aqueles aparelhos que se imantam no seu próprio peito como uma limalha atraída pelo ferro. O fenômeno energético que parecia um vulcão na cabeça da jovem cessou por completo.

Percebia-se que ela estava nitidamente melhor, com outro estado mental. Entretanto, Demétrius, com o simples gesto de olhar para ela, teve um súbito sentimento de raiva e quase se desorientou, pedindo socorro imediato:

— Dona Modesta, pelo amor de Deus, agora sou eu quem está precisando de ajuda.

— Como se sente?

— Com vontade de matar alguém e muito irritado.

— Não vai precisar, meu filho.

— O que eu faço, então?

— Saia imediatamente daqui e vamos até àquela pracinha próxima, onde tem uma mangueira. Encoste-se a ela e faça o que você já sabe. Passe toda essa energia pesada para a árvore usando pulsos apométricos, a técnica de mudança de rotação de *spins*[3] e blindagem de chacras.

— Que energia do mal, dona Modesta!

— Pois é, essa energia é do ódio. Esta jovem mulher está profundamente perturbada e está tramando seu suicídio. Essa matéria que saiu de sua cabeça é a energia materializada do desgosto e da infelicidade. Ela está muito atormentada. Saia, meu filho, saia o quanto antes desse ambiente. Vamos cuidar de você.

Demétrius dirigiu-se à pracinha recomendada e, com a ajuda dos técnicos da Casa da Piedade que acompanhavam dona Modesta, libertou-se de toda aquela matéria tóxica e enfermiça, melhorando seu estado em poucos minutos, embora se sentisse desvitalizado e demonstrasse certo cansaço.

Logo em seguida, Sabrina podia ser vista saindo do banco. Estava mais refeita e leve, atribuindo a melhoria ao fato de ter pagado suas contas pendentes e também por ter se encontrado com o médium que lhe deixou ótimas energias. Dali ela seguiu para uma igreja que ficava ali perto, para buscar a oração e fazer seus pedidos. Nossa equipe acompanhou os passos da jovem, mantendo-lhe o clima interior.

O trabalho continuaria ao anoitecer. Humberto, pai de Sabrina, com a ajuda de dona Modesta, tentaria novo diálogo com a filha para incentivá-la na busca de uma ajuda mais especializada e consistente.

A iniciativa de amparo foi um sucesso. Muitos irmãos queridos no mundo físico nem sempre imaginam o esforço realizado para se chegar àquele momento. Reunir a jovem a alguém em condições de cooperar no mundo físico foi algo desafiante.

---

[3] O elétron produz um campo magnético quando gira e esse movimento de rotação é chamado de spin. Esse tema será explicado com mais detalhes ao longo da obra. (N.E.)

Demétrius dificilmente faria o que fez hoje. Seu cuidado com o preparo mediúnico inclui rigorosa seleção de ambientes e ele não costuma ir a lugares agitados como um banco nos dias de reunião mediúnica. No entanto, por ação de amigos espirituais, sentiu-se obrigado a resolver hoje o que poderia deixar para o dia seguinte nas suas pendências financeiras.

Após o auxílio prestado, Carminha, como de costume, trouxe suas observações e dúvidas para compreender melhor a situação, enquanto voltávamos para a Casa da Piedade.

— O médium Demétrius é um bom colaborador. Eu que estou mais acostumada a vê-lo atuar dentro da Casa da Piedade em desdobramento pelo sono não imaginava que ele tivesse também atuação tão significante em ocasiões de socorro externo no apoio às nossas equipes.

— Ele tem sido um bom parceiro. Faz parte de uma lista, cada dia menor, de cooperadores encarnados dispostos a contribuir com nossa organização.

— E essa mediunidade! Com um simples toque, puxou tudo da jovem, literalmente. É mediunidade de cura? Qualquer médium poderia fazer o mesmo?

— Qualquer médium poderia absorver essa matéria, mas, pela falta de preparo e experiência, nem todos poderiam dar o mesmo destino a ela, considerando a interação, a obediência e os cuidados que ele próprio adquiriu para alterar a natureza dessa energia. Entre sugar a energia e saber o que fazer com ela vai grande distância nos assuntos da mediunidade. Ele não é um médium de cura, é um médium saneador, Carminha.

— Saneador?

— Sim, são médiuns com características de sanear ambientes, pessoas e objetos, transmutando, canalizando e manipulando energias com a força mental. Uma habilidade de aplicação do magnetismo que podem até resultar em cura, em alguns casos.

São verdadeiros faxineiros energéticos muito úteis nesse tempo de transição planetária, em que o volume astral de massa mental densa e tóxica tem aumentado na psicosfera, causando uma sobrecarga na vida de todos os encarnados e desencarnados.

— No caso de Sabrina, ele realizou uma cura?

— Não. Fez uma limpeza. Se ela já estivesse em processo avançado de melhora, cuidados com a vida e comprometida com sua transformação íntima, poderia acontecer um autêntico caso de cura com essa limpeza.

Os médiuns saneadores são muito úteis não só na prestação de socorro, mas também na solução de mutações cármicas.

— Mutações cármicas?

— Sim, são aqueles momentos de libertação de um carma.

Gosto muito de tomar como exemplo a maravilhosa passagem do Evangelho em que Jesus curou dez leprosos:

"E aconteceu que, indo ele a Jerusalém, passou pelo meio de Samaria e da Galiléia;

E, entrando numa certa aldeia, saíram-lhe ao encontro dez homens leprosos, os quais pararam de longe;

E levantaram a voz, dizendo: Jesus, Mestre, tem misericórdia de nós.

E ele, vendo-os, disse-lhes: Ide, e mostrai-vos aos sacerdotes. E aconteceu que, indo eles, ficaram limpos.

E um deles, vendo que estava são, voltou glorificando a Deus em alta voz;

E caiu aos seus pés, com o rosto em terra, dando-lhe graças; e este era samaritano.

E, respondendo Jesus, disse: Não foram dez os limpos? E onde estão os nove?

Não houve quem voltasse para dar glória a Deus senão este estrangeiro?

E disse-lhe: Levanta-te, e vai; a tua fé te salvou."[4]

Aquele leproso que voltou para agradecer se curou definitivamente. Informações arquivadas em nossos livros no mundo espiritual revelam que os outros nove, em pouco tempo, tiveram o retorno da doença, em um estágio pior.

Fé, gratidão e consciência são conquistas essenciais na mutação cármica. A postura do leproso curado dependeu da postura íntima dele, do que ele ofereceu para a cura. O trabalho realizado por Jesus de limpar a doença foi uma ação da misericórdia.

Sabrina ainda não se encontra nessa postura fundamental para sua própria libertação. A ação de limpar sua energia foi um ato de amor para amenizar suas dores e com o qual, possivelmente, ela conseguirá dar novos e mais importantes passos.

Cura é algo mais complexo. Mesmo os chamados médiuns de cura são agentes da cura, e não curadores mágicos com um poder extraordinário. Nada há de sobrenatural em suas faculdades mediúnicas. Se não for a hora da libertação cármica da pessoa beneficiada, ela encontrará, no máximo, alívio para sua caminhada.

— Pai João, eu amo essa passagem do Evangelho, ela é linda! Nunca havia pensando desse jeito a respeito dos outros nove.

— Jesus, em Sua sabedoria, deixou claro que é necessário postura, ação e engajamento para que a cura se faça, quando diz: "Não foram dez os limpos? E onde estão os nove? Não houve quem voltasse para dar glória a Deus senão este estrangeiro?".

---

[4] Lucas, 17:11-19.

— Muito interessante! Então, a função dos saneadores é limpar. O que vai acontecer a partir daí é com cada um.

— Justamente, Carminha. Quando Kardec perguntou se havia ação magnética ou apenas influência espiritual no dom de curar os espíritos, estes responderam que existiam as duas coisas e que isso não queria dizer que os médiuns curadores seriam conforme nós os entendemos.

Os médiuns são preparados nos centros espíritas para examinarem a influência dos espíritos na vida deles. Mas nem sempre são preparados para reconhecer e identificar as influências energéticas na própria sensibilidade mediúnica.

Por essa razão, os trabalhadores da mediunidade, muitas vezes, não aprendem a distinguir diferentes situações na prática da mediunidade e examinam a maioria de suas vivências como atuações de entidades desencarnadas, já que existe um leque de ocorrências que envolvem a sensibilidade mediúnica e que não está necessariamente vinculado à presença de espíritos, e sim às ações energéticas do magnetismo.

É uma habilidade anímica, ou seja, pertence ao próprio médium. Não depende, necessariamente, da interferência dos desencarnados.

— Pai João, isso tem algo a ver com a frase "estou muito carregado", que alguns médiuns dizem nas tarefas de nossa Casa da Piedade?

— Sim, Carminha. Carregados de lixos astrais de pessoas e ambientes.

— Nossa! E como se livrar disso? Tenho até medo de ser médium!

— A proteção dos médiuns, como lhe esclareci a respeito de Demétrius, depende dele mesmo. Da sua forma de viver e comportar-se.

Um médium saneador que busca a aplicação dos ensinos do bem e do amor à luz do Evangelho pode colaborar ativamente nos serviços e, ao mesmo tempo, sustentar sua autodefesa energética, sem que isso lhe custe dores ou testemunhos que o perturbem.

— Esses serviços são relacionados apenas ao campo da limpeza energética?

— Não, a muitos outros, minha filha. A força magnética dos corpos físicos desses médiuns, somada a um campo energético intensamente dinâmico no nível do seu duplo etérico, é capaz de fazer muito mais que faxina.

Com sua habilidade, podem limpar cordões energéticos, remover tecnologia parasitária, eliminar ação de Goécia (magia negra), dirigir elementais, promover o conhecido fechamento energético do corpo e muitas outras ações que movimentam forças existentes entre a matéria física e a matéria astral.

— Pai João, vou precisar fazer um curso para entender mais sobre esses assuntos.

— Doutor Inácio vai começar um curso sobre Medicina Vibracional com foco em cordões energéticos. Já será um bom começo. Inscreva-se!

— Na nossa escola?

— Sim.

— Vou procurar me matricular imediatamente. Há algum pré-requisito?

— Sim. Os candidatos devem ter um determinado número de horas prestadas à enfermaria da Casa da Piedade. Para você, isso é fácil!

— Pelo visto, Demétrius teve um bom preparo.

— Ele reuniu condições muito favoráveis. É um médium persistente.

— Pai João, ele teve preparo e se esforçou bastante, mas, e aqueles médiuns saneadores que não têm consciência dessa condição e nem sequer são espíritas ou, se são, não frequentam reuniões de trabalho mediúnico?

— Essa pergunta é muito oportuna. São estes médiuns que mais costumam sofrer porque não aprenderam como se livrar de cargas tóxicas que podem lhes adoecer ou tornar suas vidas repletas de situações infelizes.

Ainda assim, o que mais predispõe o médium para que aconteçam tais quadros de dor e sofrimento é a sua conduta.

Há médiuns em plena atividade de intercâmbio que ainda não resolveram ou não querem resolver suas lutas emocionais e psíquicas, vivenciando com elas experiências dolorosas, com suas auras completamente intoxicadas, chacras em total desalinho e vida mental atordoada.

Não é uma questão de religião ou crença na mediunidade, e sim de forma de viver.

— E que conduta protegeria os médiuns dessas tormentas, Pai João?

— Principalmente a aquisição da quietude mental. Aquela que vem de dentro do próprio ser. A serenidade proporciona uma frequência mental de proteção, um estado de uniformidade emocional capaz de produzir ondas vibratórias curtas que são de longo alcance e maior capacidade geradora de luz.

Quietude mental é estar em comunhão com seu eixo mental e espiritual.

— Nossa, Pai João!

— Que foi, Carminha?

— Passou uma coisa meio maluca pela minha cabeça. Aliás, quanto mais aprendo aqui, mais maluca fico! – brincou a enfermeira.

— Fale, minha filha.

— Fiquei pensando cá com meus botões. Quem está protegido nessa Terra de Deus diante de tão rara conquista? Quietude interior é para poucos.

— Não estou falando de santidade, Carminha, mas de uma dose mínima de sossego interior. Para isso, não é preciso ter as conquistas dos anjos. Sobretudo, é necessário viver uma vida na direção da dignidade, da conduta reta.

De alguma forma, sua colocação não é desprovida de sentido, porque poucos desejam verdadeiramente uma vida reta, embora não seja algo tão fora do alcance de qualquer pessoa. É uma questão de escolha e não de capacidade para adquirir a quietude interior.

Alguns preferem a traição a ter de viver a solidão digna e construtiva, ou ainda uma busca por afeto nos caminhos da honestidade. Outros preferem o ganho fácil a ter paciência e esforço para as conquistas justas.

Muitos optam pelo abandono do dever a ter de conquistar a experiência por meio das etapas necessárias ao aprendizado. Outros tantos preferem o prazer desenfreado a ter de construir sua dignidade com disciplina, renúncia e esforço.

Considerando as escolhas humanas que na maioria das vezes despencam nos vales da ilusão, de fato a quietude interior é para quem decide viver de outro jeito.

Conhecendo o trajeto da nossa humanidade ainda carregada de sombras, Jesus asseverou:

"Entrai pela porta estreita; porque larga é a porta, e espaçoso o caminho que conduz à perdição, e muitos são os que entram por ela;"[5].

A porta estreita é uma opção, é fruto de um processo interior ao longo do tempo cujos principais traços são a

---
[5] Mateus, 7:13.

persistência e o esforço, direcionados para a escolha feita, o mergulho na vida emocional com autorresponsabilidade, a terapia da oração e das práticas meditativas que dilatam as ondas mentais enobrecedoras e o uso digno da sexualidade.

— Pai João!

— Fale, Carminha. Mais uma ideia maluca?

— Muitas ideias malucas, meu pai. Acho que estou começando a entender porque sou tão atormentada – e demos boas risadas da sua fala sincera e bem-humorada.

— Quer mesmo falar sobre isso?

— Não! Vamos deixar esse assunto para outra hora. Quero falar de Sabrina. Assim fica mais fácil para mim e, não posso deixar de confessar, me vi de alguma forma espelhada nela.

— Por qual razão?

ESTRESSE NO ENFOQUE DA MEDICINA ENERGÉTICA

"Mediante a organização que nos deu, não traçou a natureza o limite das nossas necessidades?"

"Sem dúvida, mas o homem é insaciável. Por meio da organização que lhe deu, a Natureza lhe traçou o limite das necessidades; porém, os vícios lhe alteraram a constituição e lhe criaram necessidades que não são reais."

O livro dos espíritos, questão 716.

— Ah, Pai João! Porque vejo quanta dor ela carrega!

— Esse quadro vem se tornando comum, principalmente entre os encarnados.

— Como se pôde chegar a isso, Pai? Aquela energia sendo derramada ou, mais apropriadamente, explodindo na cabeça dela como se fosse uma erupção, sujando tudo e todos naquele ambiente.

— Essa energia vem da sobrecarga mental, Carminha. É uma doença moderna decorrente da vida agitada e repleta de atrativos ilusórios.

— Sobrecarga mental?

— Sim, a mente produz de acordo com o clima em que respira, seja entre encarnados ou desencarnados.

Reflitamos sobre a condição do planeta Terra. Temos aproximadamente trinta e cinco bilhões de espíritos vinculados ao planeta, e sete bilhões estão na matéria física.

Em um cálculo mais exato, são cinco desencarnados para cada encarnado.

Você teria como calcular quantos encarnados e desencarnados percebeu no ambiente daquele banco?

— Pai João, havia umas sessenta pessoas encarnadas.

— Isso mesmo. E fora da matéria, quantos você viu?

— Nossa, é difícil calcular o número exato, mas devia ter de oitocentos a mil espíritos.

— Muito próximo disso.

— Mas não são cinco desencarnados para cada encarnado? Com esse cálculo, seria de se esperar uns trezentos desencarnados, não é?

— Este cálculo não é exato, ele ultrapassa a visão relativa à dimensão e ao contexto. Pense sobre quantos eram os envolvidos na ajuda à Sabrina, somente por parte de nossa equipe espiritual.

— Então, nesse cálculo, são contados amigos, inimigos e vínculos ocasionais?

— Exatamente isso. No caso de Sabrina, circunstancialmente, éramos doze entidades envolvidas naquele momento da ajuda. Sete componentes de nossa equipe de auxílio, dois laços mentais que ela criou algumas horas antes na via pública por conta de seu estado mental, e mais três entidades que estavam dentro do banco em condições mentais idênticas às dela.

— Pai João, mas nem eu que estou "morta" consegui ver esses outros cinco vínculos espirituais, além de nós que prestávamos o auxílio – brincou a enfermeira com um sorriso.

— Isso acontece. Estavam em faixas muito inferiores e fora do seu campo mental.

— O senhor os viu?

— Ficaria melhor se você perguntasse se os identifiquei.

— Qual a diferença?

— Eles são obsessores temporários, ligados ao campo mental de Sabrina apenas por laços fluídicos densos correspondentes à natureza do sentimento de ódio que ela nutria.

— Mas estavam lá dentro do ambiente do banco?

— Na verdade, três deles estão ligados a alguns empregados daquela agência, são vínculos pessoais deles e, pela informação que recebemos, estão lá todos os dias.

— Sabrina estava sendo obsidiada por eles?

— Não, pelo contrário. Ela os incomodou com seu estado mental e chamou a atenção deles, como se de sua cabeça saísse uma força magnética capaz de puxá-los.

— Meu Deus! Que complexo! Quer dizer que, ao ser ajudada e sair de lá, ela automaticamente já "perdeu" três obsessores – brincou novamente Carminha.

— Não é tão complexo. Na verdade, usando a sua fala, nem chegou a "ganhá-los". É a lei universal de atração. Esta é uma das causas da sobrecarga mental sobre encarnados, nesse momento, no planeta.

Lembro-me com exatidão de um pequeno trecho da magnífica obra *Pensamento e vida*, de Emmanuel, em que ele afirma, no capítulo "Hábito", o seguinte:

> "Com naturais exceções, todos adquirimos o costume de consumir os pensamentos alheios pela reflexão automática, e, em razão disto, exageramos as nossas necessidades, apartando-nos da simplicidade com que nos seria fácil erguer uma vida melhor, e formamos em torno delas todo um sistema defensivo à base de

crueldade, com o qual ferimos o próximo, dilacerando consequentemente a nós mesmos."[1]

Esta é atualmente a situação mental da Terra. Vivemos em um sistema e, muito raramente, estamos fora dessa teia vibratória que nos envolve.

Pensamos pelos outros e os outros pensam por nós. O estado interior de quietude mental é uma defesa. E nesse turbilhão de pensamentos e forças mentais a mente atrai e projeta continuamente os seus interesses e necessidades, tendências e aspirações, em regime de troca, coação e influência.

Nesse mesmo capítulo, Emmanuel diz ainda:

> "Estruturamos, assim, complicado mecanismo de cautela e desconfiança, para além da justa preservação, retendo, apaixonadamente, o instinto da posse e, com o instinto da posse, criamos os reflexos do egoísmo e do orgulho, da vaidade e do medo, com que tentamos inutilmente fugir às Leis Divinas, caminhando, na maioria das circunstâncias, como operários distraídos e infiéis que desertassem da máquina preciosa em que devem servir gloriosamente, para cair, sufocados ou inquietos, nas engrenagens que lhes são próprias."

Diante dessa influente fonte de vida mental de uns sobre os outros, fugimos da simplicidade e somos atormentados pelos apelos da vida moderna, impondo necessidades supérfluas e distantes de nossas reais aspirações de viver em paz e com harmonia.

Sabrina estava naquele banco pensando na roupa que gostaria de adquirir, pensando no vestido lindo comprado por sua irmã solteira. Ela estava atormentada pela ideia de tirar umas férias, algo justo e necessário; porém,

---

[1] *Pensamento e vida*, capítulo 20, Emmanuel pela psicografia de Chico Xavier – Editora FEB.

no momento, ela está completamente absorvida por problemas financeiros. E para piorar seu quadro, sentia-se uma pessoa sem nenhum valor perante a vida depois de suspeitar de uma traição do marido. Era um misto de inveja, cansaço e mágoa, produzindo uma atordoante perturbação nos pensamentos. Um quadro de sobrecarga total sobre sua vida mental que trazia graves efeitos na saúde e nos resultados de seus esforços diários para ter uma vida melhor.

Sua mente permanece fixa nos mesmos assuntos todos os dias, funcionando por automatismo, sem uma ação mais decisiva da vontade. Seu foco é o futuro, a dúvida, o medo do que virá, em como ficaria a vida sem o marido e para onde ela iria sem dinheiro. Soma-se a este quadro o fato de ter dores constantes no corpo, andar muito cansada, perceber o aparecimento de algumas manchas roxas que a preocuparam ainda mais e sua pressão arterial estar sempre alta.

Com as energias nocivas da mágoa profunda, da inveja que a atormenta e do desvalor pessoal, Sabrina está criando para si doenças reumáticas severas, em apenas alguns meses em que tem hospedado esses conteúdos energéticos adoecidos no corpo perispiritual. Está com 35 quilos de sobrepeso e cultiva ideias de autoextermínio.

— O senhor, que está mais informado sobre o caso, pode me dizer se existem obsessores diretos interferindo no quadro?

— Obsessores diretos?

— Além dos cinco obsessores circunstanciais que estavam no banco e não fazem parte da vida dela o tempo todo, há outro?

— Sim, mais dois.

— Mas eles não estavam no banco naquele instante, é isso?

— Não estavam porque já renasceram.

— Como assim?

— São os dois filhos de Sabrina, que hoje estão com sete e nove anos.

— Renasceram como filhos?

— Sim. Deixaram a condição de atormentadores para se tornarem luz no caminho de Sabrina. Eles são sua fonte de força e vitalidade. Quando ela começa a pensar em novas roupas, em férias, e em sua condição conjugal, sente-se desprotegida, ameaçada e infeliz. Por um mecanismo natural de defesa, volta seu pensamento aos filhos e nega toda sua necessidade pessoal. É quando ela encontra alguma força.

— Que bom que os têm para salvá-la.

— Não salvam, Carminha! É nisso que está o delicado problema psíquico da sobrecarga de muitas pessoas. O fato de encontrar forças para continuar pensando nos filhos não resolve seus sentimentos e dramas emocionais, apenas os aprisiona em uma parte da mente chamada inconsciente.

Esse material mental continua influindo, crescendo, movimentando-se e causando danos incalculáveis e sutis.

Os filhos são uma fonte de estímulo nesse caso, assim como em muitos outros contextos. Porém, somente uma decisão firme de mudança, naquilo que realmente sobrecarrega sua vida mental, poderá ajudá-la a conquistar salvação e harmonia.

— E ela não está querendo encarar esse lado emocional, Pai João?

— Na verdade, Sabrina nem tem muita consciência do que lhe sobrecarrega. Leva a vida, como a maioria das pessoas, na base do automatismo, sem muita consciência emocional ou intelectual do que lhe acontece. Como diz Emmanuel, em *Pensamento e vida*:

> "[...] todos adquirimos o costume de consumir os pensamentos alheios pela reflexão automática, e, em razão disto, exageramos as nossas necessidades, apartando-nos da simplicidade com que nos seria fácil erguer uma vida melhor [...]."

Ela atribui suas dores a problemas financeiros e conjugais; entretanto, os problemas que ela percebe são a ponta do *iceberg* de seu aprendizado na vida. A raiz de suas dores, em verdade, está na escassa educação emocional repleta de crenças limitantes e preconceitos que pesam e exaurem, impedindo-a de perceber com clareza suas reais necessidades e as soluções adequadas. Não tem muita noção dos sentimentos que lhe castigam nem muita energia para usar a inteligência na busca das saídas apropriadas.

— Que tipo de crenças a escravizam?

— Crenças sobre o papel da mulher no casamento, sobre o que é ser mãe, sobre o valor pessoal com base em beleza e cuidados físicos, sobre o papel de Deus em sua vida pessoal, entre muitas outras.

— E os preconceitos?

— Nascem com base nessas crenças e afetam seu entendimento sobre a vida e as pessoas. Vejamos algumas delas.

Para ela, mulheres ativas, belas, parceiras de seus maridos e alegres são um tormento, pois ela as recrimina, acusa e despreza. No seu conceito, ser ativa e se impor são atitudes de desrespeito.

Quando presencia uma mãe dizendo não a um filho, chama isso de covardia e insensibilidade. No seu conceito isso é fuga e irresponsabilidade, porque ser mãe para ela é ter uma vida de sacrifícios e impedir todas as frustrações de seus filhos.

Quando identifica alguém bonito ou fisicamente bem cuidado, imagina que a pessoa tem uma vida fácil e deve ser completamente feliz por conta disso.

E quanto a Deus, no seu conceito pessoal, Ele já a abandonou e nem gosta dela.

— Coitada! Que prisão!

— Disse bem, Carminha, é uma prisão da qual ela só poderá sair com esforço e mudança pessoal.

Reflitamos na fala de Emmanuel quando ele diz que nós estruturamos um complicado mecanismo de desconfiança, que vai muito além da necessidade de defesa e prevenção, mantendo o instinto da posse que cria os reflexos do egoísmo, do orgulho, da vaidade e do medo, na intenção inútil de fugirmos das leis de Deus, agindo como usuários distraídos e infiéis que abandonam o valioso patrimônio do corpo físico, para cair, sufocados ou inquietos, nas armadilhas que criamos. Por conta de nos distanciarmos do caminho da simplicidade com a qual levaríamos uma vida mais leve e plena, hoje trazemos na vida mental os reflexos nocivos do instinto de posse. E o reflexo que mais agrava a sobrecarga mental é o medo.

No processo de evolução humana, as etapas conectadas ao medo foram as seguintes: apego, ilusão dos prazeres materiais, vazio existencial e dor. À dor estão ligadas a depressão, a carência, a arrogância e a sobrecarga mental, como alguns dos efeitos dessa trajetória de sombra e perturbação.

De todo este contexto destaca-se, na atualidade, o medo como piso mental que estrutura a maioria dos dramas humanos. O medo de perder, de avançar, de não dar conta, de ser traído, de ficar pobre, de morrer e tantos outros responsáveis pelo processo de alimentar a mente com fantasias e miragens que a sobrecarregam e a fazem sofrer.

Tudo nasce do apego e toma proporções e características individuais, embora o medo seja algo bem genérico, em se tratando do planeta Terra.

Sabrina, por exemplo, está sofrendo de terrível quadro de ansiedade em função dessa sobrecarga. Sua mente está tomada pelo futuro, do medo do que virá. Seu desejo está deslocado para o amanhã, e promove, hoje, desgaste e aflição, que são os pisos emocionais da preocupação. O resultado é um estado de ódio quase permanente em relação à vida, um profundo mal-estar com tudo.

— Por isso ela expelia aquela matéria gelatinosa pela cabeça? – interferiu Carminha.

— Isso mesmo. É a parte energética da sobrecarga, a energia doentia da ansiedade. Isso está se tornando muito frequente de se ver em quaisquer ambientes no mundo físico, onde as pessoas perdem o controle debaixo dessa terrível pressão da vida moderna e das suas lutas internas.

Como esclarece o texto utilizado como apoio das nossas considerações, quando Kardec pergunta se o limite das necessidades foi traçado na nossa própria natureza, os espíritos respondem que sim, mas adicionam a informação de que somos insaciáveis e que, por meio dos vícios, alteramos nossa constituição e criamos necessidades que não são reais.

A dependência do supérfluo, as ilusões do prazer e os equívocos da vaidade tornaram-se vícios pavorosos na humanidade. Criamos com eles necessidades irreais. Raramente alguém escapa dessas provas no campo da mente e quase sempre estamos tomados pelo consumismo e pela tormenta da posse que nos afastam da vida plena.

— Jesus Cristo, Pai João! Eu estou meio apavorada. Acho que daqui a pouco vai ser eu quem vai ter a cabeça quente daquele jeito, jorrando coisas para tudo quanto é lado – falou com seriedade a enfermeira.

— Por que diz isso, Carminha?

— Sei lá. Ando muito ansiosa. Chego a perder o controle algumas vezes.

— Não vejo muita chance de você padecer disso.

— Não?

— Quer mesmo falar sobre isso? Você disse que preferia deixar para outra hora!

— Vamos falar, pai, mas só um pouquinho. Combinado?

— Combinado! Sua ansiedade é necessária. Há muita diferença entre uma pessoa com ansiedade e outra com ansiedade e sobrecarga.

— O senhor acha que não estou sobrecarregada?

— Você é muito ocupada, Carminha, mas estar sobrecarregada é outra coisa.

— Ainda bem, Pai João! – falou Carminha com simplicidade e, como sempre, meio brincalhona até com os assuntos sérios.

— Você gostaria de pensar no assunto sob esse enfoque?

— Sim, gostaria, é bom ouvir isso e falar de mim dessa forma, pois tenho muito medo de me machucar.

— No caso de Sabrina, ao contrário, ela anda preocupada o tempo todo. Este estado aumenta a sua pressão arterial, enrijece sua musculatura, não lhe permite noites de sono relaxantes, diminui sua libido e, com esse quadro de ansiedade, acabou comendo o dobro do que deveria, o que lhe trouxe acréscimo de peso, acarretando outros problemas físicos. Sem contar as doenças energéticas nas quais estamos interferindo nesse momento, com o intuito de abrandar sua dor.

— Pobre jovem! Gostaria muito de poder continuar acompanhando o caso e ajudá-la. Fico aqui pensando, Pai João.

— Em quê, minha filha?

— Em onde está a cura para essa sobrecarga da humanidade. Como Sabrina vai sair disso?

— Na simplicidade. Aprendendo e construindo a quietude interior.

— Que difícil isso, meu Pai!

— Difícil sim, mas não impossível. É uma questão de escolha, como mencionei. Claro que, para que essa escolha aconteça, é necessário que a pessoa sinta o quanto não vale a pena viver assim. Sabrina tem amplas chances de concluir esse aprendizado.

— O senhor vem acompanhando esse caso há quanto tempo?

— Há alguns meses.

— E notou alguma melhora?

— Hoje, claramente, ocorreu a primeira iniciativa concreta e de relevância no caso. Conduzi-la ao banco e prestar auxílio no campo energético dela trouxe-lhe um alívio decisivo.

— A ansiedade e a sobrecarga vão diminuir?

— A sobrecarga sim, a ansiedade é algo mais profundo. Nos tempos atuais, não é incorreto considerar a sobrecarga como um efeito da situação energética do planeta, embora, com essas características, já possa ser considerada doença.

— E qual seria a doença de base?

— Como disse, é o medo. É ele que gera a ansiedade e cria as variações em cada caso.

— Entendi. E no mundo físico, como a Medicina analisa essa doença?

— Chamam-na de estresse.

— Então o senhor explica isso tudo para me dizer que Sabrina está estressada? Ah, Pai João! – expressou a enfermeira, em tom de queixa e humor.

— Pois é, Carminha, mas o estresse da Medicina humana, com todo respeito às conquistas científicas, está muito aquém desses conceitos.

O conceito de estresse no mundo físico está focado no sistema psíquico e no sistema nervoso. Já o conceito da Medicina Vibracional foca o estresse, sobretudo, no duplo etérico e no sistema emocional do perispírito.

Sem considerar a parte astral e emocional do estresse, os homens podem acalmar o sistema nervoso, sem atingir o centro da questão.

Os danos astrais nem sempre são avaliados nos centros espíritas e nos serviços de saúde. Tudo caminha, quase sempre, para a indústria da medicação paliativa. E, infelizmente, quando se cogita estresse no mundo físico, costuma-se amenizar o impacto dessa grave doença, alegando algo como: "Não é grave, é apenas de fundo emocional", como se causa emocional fosse algo menos grave. Os prejuízos de uma mente sobrecarregada precisam ser mais bem examinados por profissionais e por tarefeiros da doutrina.

No corpo físico, os efeitos mais perceptíveis são: irritação persistente, sono não reparador, falta de criatividade para resolver problemas e desempenhar os deveres, indisposição para atividades físicas, baixa de libido, tendência ao isolamento social, baixa tolerância às frustrações, preocupação excessiva, ansiedade, tristeza, cansaço físico persistente e mau humor.

No campo mental e espiritual, os efeitos mais constatados são: campo aberto para a obsessão, baixa imunidade energética, duplo etérico com imantação sob a ação da força centrípeta – puxando forças dos ambientes e pessoas sem seletividade, aceleração desordenada do chacra solar, diminuição da rotação do chacra frontal, fertilidade larvária no chacra esplênico e laríngeo, abertura de fendas energéticas por acoplamento irregular do perispírito.[2]

A pressão da mente, que pode ser comparada a uma chaleira em ebulição, tem efeitos individuais inerentes a cada pessoa.

Na atualidade, muitos discípulos do Espiritismo e do espiritualismo tentam explicar quadros como o de Sabrina apenas como "obsessão" e "magia". No entanto, temos na sociedade um quadro crescente de estresse e perturbação emocional, com profundas marcas no campo energético, sem que a obsessão e a magia tenham componentes estruturais no quadro. São componentes circunstanciais, e não causais.

Essa concepção de doenças energéticas precisa ser dimensionada e mais bem entendida para que a ajuda espiritual ou profissional possa ter um alcance satisfatório. Nem obsessões nem doenças psíquicas se explicam sozinhas sem cogitar a interferência decisiva das doenças encontradas no corpo chamado duplo etérico. Ficou claro, Carminha?

Querido, Pai João, mais claro, impossível. Nem ouso perguntar mais nada até digerir tanta informação.

---

[2] Ao solicitarmos mais informações sobre as fendas energéticas, o autor espiritual esclareceu que usou esta terminologia para designar o desalinho entre os corpos sutis que permitem a entrada de forças nocivas e a baixa imunidade física e astral. Mantivemos o termo utilizado pelo autor, embora faltem referências literárias anteriores que sejam de nosso conhecimento. (N.E).

3

ATENDIMENTO FRATERNO
E VIDA MENTAL

> "Interroguem friamente suas consciências todos os que são feridos no coração pelas vicissitudes e decepções da vida; remontem passo a passo à origem dos males que os torturam e verifiquem se, as mais das vezes, não poderão dizer: Se eu houvesse feito, ou deixado de fazer tal coisa, não estaria em semelhante condição. A quem, então, há de o homem responsabilizar por todas essas aflições, senão a si mesmo? O homem, pois, em grande número de casos, é o causador de seus próprios infortúnios; mas, em vez de reconhecê-lo, acha mais simples, menos humilhante para a sua vaidade acusar a sorte, a Providência, a má fortuna, a má estrela, ao passo que a má estrela é apenas a sua incúria."
>
> *O evangelho segundo o espiritismo*, capítulo 5, item 4.

Naquela mesma noite Sabrina conseguiu ter um sono relaxante, que permitiu um desdobramento fácil pelas vias do sono.

Fora do corpo, seu pai Humberto teve a chance há muito esperada. Pôde conversar livremente com sua filha e incentivá-la a buscar ajuda espiritual.

Logo ao amanhecer do dia seguinte, a disposição da jovem era outra. Já havia marcado o atendimento fraterno na Sociedade Espírita da Paz – SEPAZ – e estava muito motivada a adotar novos rumos em sua existência.

A limpeza energética realizada no banco com o auxílio de Demétrius, naquela operação rápida e simples, deu novo ânimo e melhorou o estado de espírito da jovem.

Trabalho intenso nos aguardava naquela noite no SEPAZ. A equipe de colaboradores da casa oferecia muitos recursos mediúnicos que nos permitiam trabalhos especializados, poucas vezes encontrados nas organizações espíritas mais tradicionais.

Médiuns de incorporação e saneadores, orientados para o trabalho no bem, empregavam suas faculdades mediúnicas com o coração e a mente abertos. Cientes de quaisquer regras ou normas mais recomendadas na utilização da prática mediúnica, aquele grupo se entregava ao trabalho com sincera e abundante vontade de servir e confortar as necessidades humanas.

O SEPAZ lota suas dependências físicas nas noites das tarefas de assistência mediúnica e tratamentos de saúde. É uma iniciativa na qual homens e espíritos, representando mundo físico e mundo espiritual, quebravam suas barreiras, permitindo o diálogo, a proximidade e muitas bênçãos.

Pontualmente às 19h30min, Sabrina e sua mãe Mariana chegaram às dependências da casa.

Demétrius, como de costume, estava no portão de entrada e as recebeu afetuosamente. Sabrina, ao cumprimentá-lo, disse:

— Demétrius, depois daquele nosso encontro no banco parece que, em um passe de mágica, tudo mudou em mim. É como se eu me livrasse de toneladas de alguma coisa. Você tem uma força poderosa – expressou de maneira descontraída, mas com um certo constrangimento por não ter tanta intimidade com ele.

— Não sou eu, Sabrina. É a bondade de Deus que nunca falta em nosso favor – respondeu o médium com humildade e ciente das lutas daquela jovem mulher.

Os atendimentos fraternos realizados naquela casa espírita tinham por norma a presença de um médium ostensivo, cujo papel era rastrear os aspectos espirituais do atendido, e um entrevistador, que se propunha a ouvir e orientar sob a intuição dos amigos espirituais, focando sua atenção nos gestos e no tom de voz dos atendidos.

Naquela noite, a doutora Sandra, médica e dedicada parceira das atividades da Casa da Piedade junto ao Hospital João XXIII, fez par com Demétrius, obedecendo a uma rotatividade periódica das duplas.

Doutora Sandra, que também frequentava outras casas espíritas, guardava uma sensibilidade apurada diante da dor humana, e Demétrius procurava examinar junto com nossa equipe espiritual as informações que poderiam auxiliar o atendimento daqueles que seriam socorridos. Após o atendimento fraterno, as pessoas eram encaminhadas à sala de tratamentos espirituais.

Naquelas noites abençoadas de trabalho e amparo, o SEPAZ tornava-se uma ilha de amor e bondade em pleno mar das lutas terrenas. Era um ambiente com o qual podíamos contar para inúmeras iniciativas no bem e na caridade em favor do próximo.

Sabrina foi destacada para ser atendida pela dupla a pedido de Mariana, sua mãe, que já era uma pessoa muito envolvida com as atividades da casa.

Assim que entrou na sala de atendimento, foi recebida pela doutora Sandra:

— Assente-se aqui, por gentileza. Qual é o seu nome?

— Meu nome é Sabrina.

— O meu é Sandra, e esse é Demétrius.

— Ah, sim! Eu já conheço o Demétrius.

— Que bom, Sabrina! Seja muito bem-vinda à nossa casa e sinta-se entre amigos e irmãos.

— Eu estou me sentindo assim, Sandra. Embora esteja muito nervosa.

— Quero que você saiba que o atendimento fraterno é uma tarefa singela com dois objetivos: ouvi-la e orientá-la. Tudo que você disser aqui ficará entre nós, com total sigilo. Portanto, sinta-se bem à vontade e nos conte: o que a trouxe aqui esta noite?

— É que minha mãe, a Mariana, já vem pedindo para eu frequentar esta casa e cuidar do meu lado espiritual, sabe?

— Você é filha de dona Mariana? Ela é muito querida em nossa casa.

— Obrigada. Minha mãe é mesmo um doce de pessoa.

— Quando você diz que precisa cuidar do seu lado espiritual, o que quer dizer com isso?

— Já me disseram que sou médium e eu nunca dei atenção. Por isso minha vida está uma bagunça. Eu nunca desejei desenvolver a mediunidade. Na verdade, nem sei se acredito nisso, mas o certo é que está dando tudo errado na minha vida, porque não cuidei dessa graça divina.

— Entendo. O que está bagunçado em sua vida?

— Minha cabeça.

— Como assim? – a jovem era de poucas palavras e isso obrigou a médica a estimular a conversa.

— Sandra, eu já acordo pensando nos problemas. Só tenho problemas ocupando minha cabeça o dia inteiro. Nem durmo direito. Acho que até meu sono está tomado por essa mania de pensar em problemas.

— E você está sofrendo com isso?

Diante dessa pergunta, Sabrina derramou as primeiras lágrimas e disse chorosa:

— Sim. Muito!

— Pegue esses lencinhos – ofereceu doutora Sandra com carinho.

— Obrigada, e desculpe pelo meu choro. Está muito difícil viver!

— Por quê?

— Sei lá. Acho que fizeram alguma coisa contra mim. Deve ter mesmo alguma entidade ou coisa ruim feita contra mim e meu marido. Está tudo amarrado, nada vai para a frente.

— Por que você acha isso?

— Tudo dá errado em nossa vida.

— O quê, por exemplo?

— Eu acho que meu marido está me traindo – e não suportando o assunto, chorou muito.

— Chore à vontade, minha filha.

— Eu não estou aguentando mais, sabe? Sinto uma vontade muito grande de parar com tudo. Nada tem sentido e alegria para mim. Tudo é pesado. Tudo é obrigação. Filhos, marido, casa. Tudo!

— Você se sente sobrecarregada?

— Exatamente, essa é a palavra que eu estava procurando.

— Pense um pouco e me diga se sempre foi assim, ou você consegue identificar claramente quando isso começou?

Enquanto doutora Sandra fazia a abordagem fraterna, Demétrius mantinha-se com as percepções ligadas em nossa presença e avaliando com atenção os gestos e as palavras usadas por Sabrina.

— Sandra, consigo identificar que minha vida virou uma porcaria, perdoe-me a palavra, depois que me casei.

— Por qual razão?

— Acho que escolhi a pessoa errada.

— O que há de errado com seu marido?

— Ele nunca me ajudou em nada e levamos uma vida pobre, privados de tudo.

— Vocês se amam?

— Nossa! Há quanto tempo nem penso nessa palavra.

— Vocês estão sem amor na relação?

— Acho que nunca o tivemos.

— E por qual razão você o escolheu?

— Deve ter sido por carência, né? É o que todo mundo fala por aí – respondeu, chorando novamente.

— Está arrependida?

— Que pergunta difícil, Sandra!

— Se não quiser responder, não precisa. Nesse caso, fale de outra coisa que você gostaria de nos contar.

— Não, eu quero falar sobre isso mesmo. Desculpe ser tão clara, mas meu marido é um acomodado, um omisso. A vida dele é beber, fumar e, agora mais isso, acho que tem mulher no meio.

Casei-me muito jovem. Já tenho dois filhos que daqui a poucos anos vão entrar na adolescência. Meu marido nem para ser pai serve. Está desempregado e nada faz para resolver esta situação. O amor, nesse casamento, passa longe. Sinceramente, estou é com ódio dele. Ainda ontem, quando encontrei Demétrius no banco, estava lá pagando contas atrasadas com o dinheiro da minha mãe, pois, se ela não me socorresse, estaríamos passando maiores necessidades. Teve dia de não poder comprar o leite lá para casa.

Não há espaço para o amor em meu coração. Eu preciso é saber quem está prejudicando tanto a minha vida assim. Vocês teriam como me ajudar a descobrir quem está nos fazendo tanto mal?

— O que te a faz ter tanta certeza de que existe alguém querendo o seu mal?

— Só pode ser isso. É a única explicação que pode ter. E deve ser coisa muito ruim que fizeram, bem forte mesmo.

— Você acha que fez alguma coisa na vida para merecer esse mal de alguém?

— De jeito nenhum. Sou uma pessoa boa, honesta e quero só o bem das pessoas.

— Por que então tem tanta convicção de que alguém faria isso contra vocês?

— Sei lá, Sandra. Tem muita gente má nesse mundo.

— E acha mesmo que Deus permitiria isso? Permitiria que alguém nos fizesse o mal e isso nos atingisse só porque alguém deseja?

— Acredito que sim.

— Você não acha que seria mais sensato pensar que você e seu marido teriam responsabilidade sobre tudo o que está acontecendo na vida de vocês?

— Meu marido sim, eu não.

— Por que não?

— Ele é um crápula, se quer saber.

— Que você escolheu...

— Bem, isso é verdade.

— Então, concorda comigo?

— Em parte.

— Como assim, em parte?

— Eu o escolhi, mas ele piorou. Não era assim no início do casamento.

— Continua sendo uma escolha sua ficar ao lado dele.

— Sim, isso também é verdade.

— E por que continua ao lado dele?

— É meu marido.

— E?!

— É meu marido. Isso não é o bastante?

— Bastante em relação a quê, Sabrina? Que crença sustenta sua opinião sobre isso?

— Somos casados.

— E o que isso significa para você?

— Que devo a ele minha obediência e respeito. Minha mãe, aliás, sempre me diz que o Espiritismo fala que tenho um compromisso com ele.

— A respeito de que é esse compromisso?

— Tenho a missão de resgatá-lo para o caminho do bem.

— Compreendi. E você está conseguindo isso?

— Estou tentando, né? Mas não é fácil.

Nessa altura da conversa, a doutora Sandra olhou para Demétrius que se mantinha em absoluto silêncio e, como já era um costume entre as duplas no SEPAZ dar a palavra aos médiuns para ver se acrescentavam algo, ela lhe perguntou:

— Quer ponderar sobre algum ponto?

— Demétrius, gostaria que falasse alguma coisa sobre meu lado espiritual – pediu Sabrina, com extrema curiosidade.

— Bom, primeiramente agradeço a você, Sabrina, por confiar a nós as suas dores e dúvidas. De minha parte, doutora Sandra, eu acredito que Sabrina necessita reciclar muitos conceitos, ouvir o que pensamos sobre as questões trazidas aqui e perceber que o fazemos com todo o nosso carinho e respeito. Você está disposta a ouvir, Sabrina?

— Ouvir o quê? É tão sério assim?

— Ouvir o que realmente vem acontecendo com você.

— Claro que sim. Preciso mesmo saber quem está me prejudicando. Quero orientações sobre o que fazer para me livrar dessas coisas, dessas entidades que me atrapalham.

Diante da colocação do médium, a doutora Sandra entendeu claramente que precisaria ser mais contundente e transparente com a jovem, e começou a dar uma nova direção às reflexões.

— Sabrina, você atribui as causas do que está acontecendo em sua vida à falta de desenvolvimento da sua mediunidade, às magias ou "coisas malfeitas" contra você e seu marido, e às influências espirituais.

Respeitamos o seu ponto de vista e sabemos que todos esses contextos podem mesmo ter algum nível de influência nos acontecimentos. Mas, para nós, esses fatores só podem exercer algum grau de interferência quando existe algo nas próprias pessoas que atraia a influência. Então, eu lhe pergunto novamente: você consegue identificar alguma conduta sua que possa ser responsável pelas suas dificuldades?

— Com toda sinceridade? Não consigo pensar em nada que possa justificar tudo isso.

— Posso tentar lhe ajudar com algumas reflexões?

— Claro que sim. É para isso que estou aqui. Nem consigo imaginar o que eu poderia estar fazendo para atrair tanta desgraça assim na vida!

— Não é desgraça, Sabrina. São resultados de nossos descuidos.

— E que descuidos são esses?

— Vamos lá. Você é uma mulher sobrecarregada, não foi isso que disse?

— Sim, estou exausta e sem vontade de viver.

— Quase sempre o que causa sobrecarga é uma conduta de disponibilidade tóxica. Você sabe o que é isso?

— Nem imagino!

— Uma pessoa muito disponível em uma relação é aquela que se torna servil, submissa e quer contentar a todos e atender todo mundo, fazendo de tudo para todos.

— Essa sou eu.

— Pois então. Veja só o quanto isso é grave. Você possivelmente age assim pensando que está fazendo o bem para as pessoas, acreditando que assim conseguirá a atenção delas e o respeito pelo qual se julga merecedora. Estou certa?

— Exatamente isso.

— E tem conseguido esse resultado?

— De jeito nenhum. A começar pelo meu marido, depois os filhos e agora até minha mãe, de quem eu gosto muito, todos querem que eu faça algo que, muitas vezes, não quero fazer, e, mesmo eu fazendo de tudo, não me tratam da forma que gostaria de ser tratada.

— Como lhe tratam?

— Com indiferença.

— Este é o principal resultado que uma pessoa excessivamente disponível vai conseguir ao longo do tempo. Será desconsiderada, já que "fazer tudo pelos outros" é, em certos contextos, uma forma de você dizer que não acredita na competência deles.

— Nossa, que dureza! Essa doeu!

— Você acha que há bom senso nessa perspectiva?

— Pensando bem, acho que pode ter sim. Estou me lembrando do meu filho mais velho, de nove anos, que não cansa de repetir: "Mãe, para de fazer todas as coisas para mim. Deixa que eu faço. Será que você não acredita que eu posso fazer?". Outro dia mesmo ele resolveu fazer um bolo de cenoura, e eu tive de corrigi-lo. Achei que ele estava colocando muito fermento e, quando interferi, ele simplesmente largou tudo na mesa e saiu, sem concluir o bolo.

— E como você se sentiu?

— Fiquei com muita raiva. O que custava ele me ouvir? Eu só queria ajudar.

— O que você acha que aconteceu com ele?

— Isso que eu falei. Ele sempre fica reclamando que eu não acredito nele.

— Mais alguém apresenta essa queixa em relação a você?

— Meu marido. Mas ele é muito injusto e vive se queixando de tudo.

— O que ele fala?

— Que eu o sufoco. Repete sempre: "Vou morrer sem ar uma hora dessas perto de você, não aguento mais." – e pronunciou a frase com ironia, arremedando o marido.

— O que você faz para ele se sentir assim?

— Sei lá, Sandra! Nunca nem me dei ao trabalho de perguntar!

— Você sabe que tipo de atitude humana mais sufoca outro ser humano em uma relação?

— Nem faço ideia!

— É o controle. Você é uma pessoa controladora?

— Talvez! Tudo meu tem que ser bem organizadinho, senão não fica direito. Não sei viver de outra forma. É minha única virtude e me sinto bem quando deixo tudo organizado.

— Organizadinho? O que significa isso?

— Tudo no lugar. Tudo com uma ordem. Tudo tem um jeito certo de fazer.

— Entendi. Quase sempre, Sabrina, uma pessoa muito disponível nos relacionamentos é também muito controladora. É assim para que consiga dar conta de tudo que ela acredita ser importante ou essencial de ser resolvido.

Uma pessoa com disponibilidade excessiva sente-se na obrigação de ter controle sobre quase tudo, e essa é uma das causas da sobrecarga. Entendeu?

— Nunca havia pensado nisso.

— A sobrecarga mental é uma das causas da ansiedade que, por sua vez, costuma trazer danos severos como preocupação, tendência de ultrapassar os limites das forças físicas e permanente cansaço. Nessa situação, a pessoa vive debaixo de uma tormenta incessante e é consumida internamente por um conflito que não se acaba.

Lá no fundo, existem muitos medos, bem ocultos. Principalmente medo de perder e de ter de responder por situações pelas quais não deseja passar. Você sente medo, Sabrina?

— Nossa, Sandra! Acho que você chegou no ponto. Sou uma mulher extremamente medrosa. Tenho até medo de falar sobre isso, para ter uma ideia.

— É como se não pudesse nem mencionar esse sentimento?

— É sim, isso mesmo. Dá medo só de pensar no "medo".

— Você vai ter de cuidar disso, senão esse sentimento irá arruinar e travar sua vida. O medo tóxico é capaz de colocar um cadeado na mente e uma algema no coração.

— Eu me sinto assim: travada.

— Compreende que, se encarar esse sentimento, você não precisa colocar seu foco em magias, em entidades espirituais ou em carmas?

— Tem razão. Então isso quer dizer que eu sou o meu maior problema?

— Não precisa olhar para você de um jeito tão severo. Estamos aqui para orientá-la sobre o que deve fazer para sair de seus problemas e realizar o aprendizado de que necessita, e não para você se condenar.

Vamos fazer uma leitura de um pequeno trecho para nossa reflexão. Pode ser?

— Claro. Pelo que estou começando a perceber, vou precisar mesmo de muita reflexão!

Adoro o trecho de *O evangelho segundo o espiritismo,* que nos recomenda interrogar nossa consciência quando somos feridos pelas decepções da vida e nos aconselha a remontar à origem dos problemas que nos torturam para verificar que, se tivéssemos feito ou deixado de fazer alguma coisa não estaríamos em semelhantes condições, pois somos os causadores de nossos próprios infortúnios.

Estas aflições de que fala o texto são as chamadas "provas voluntárias". Aquelas que buscamos com nosso próprio comportamento diante da vida. Com base em nossas escolhas, colhemos os frutos de nossas plantações. E a quem acusar ou responsabilizar senão a nós mesmos pelos resultados infelizes?

No caminho da felicidade e de uma vida melhor, uma atitude se torna fundamental: a autorresponsabilidade. Qualquer mudança real depende de assumirmos a atitude de responder pelas nossas próprias ações. De assumir o que sentimos e o que fazemos. Sem isso, é fugir para o território lamacento da ilusão. Querer mudar os outros ou tentar encontrar as causas das nossas dores em processos místicos ou espirituais é andar na periferia das soluções. Toda vida nobre e construtiva no caminho do equilíbrio e da paz começa com as transformações em nosso interior.

Existe uma frase de Chico Xavier muito conhecida, inspirado pelo espírito Meimei, que nos diz: "Aprendi a deixar os dias mais simples, mais leves. Comecei a acreditar que ser feliz é descomplicar a vida, pelo lado de dentro!".

E agora me diga, Sabrina, como se sente diante da necessidade de ser responsável pela sua própria felicidade?

— Sinto-me triste, porque percebo que terei muito trabalho, e ao mesmo tempo, aliviada também.

— Aliviada?

— Sim, por saber que não existe nenhum trabalho de magia ou qualquer outra coisa contra mim.

— Você sente alívio em saber que não há interferências espirituais nas suas infelicidades?

— Muito. Morro de medo disso. Achei, inclusive, que minhas ideias de acabar com a vida fossem ideias diabólicas sopradas por espíritos do mal.

— Veja bem, Sabrina, mais uma vez o seu medo comparece.

— É verdade. Parece até uma doença crônica. Acho que desde a infância sou muito medrosa. Não tenho só medo de morrer, mas também de viver.

— De alguma forma, esse medo é saudável. E não pertence somente a você. Todos nós temos diversos medos. Eu mesma tive de lutar muito com os meus e ainda travo uma batalha a cada dia.

Nossos benfeitores espirituais costumam nos ensinar que o medo é o sentimento mais presente na humanidade terrena. Viver nesse planeta dá medo mesmo, e temos motivos de sobra para senti-lo. Encarnados e desencarnados passam por dores diversas por causa desse sentimento.

— Nossa! Nem imaginava que pessoas tão preparadas como você pudessem sentir medo!

— Preparadas?

— Sim, preparada espiritualmente.

— Sabrina, quando muito, o que pode ser dito é que nós, os espíritas, somos muito esclarecidos. Preparados, nem tanto.

— Percebo que você tem muita facilidade para falar com exatidão sobre as coisas que eu sinto. E entendo que Demétrius é bastante iluminado por ter uma mediunidade tão maravilhosa.

— O fato de eu poder falar sobre o que você sente é apenas fruto da minha experiência profissional, Sabrina, sou médica e terapeuta. E para Demétrius, assim como para qualquer médium, a bênção da mediunidade é uma oportunidade, e não um traço de evolução espiritual.

A mediunidade não distingue nem torna ninguém melhor. Não é um distintivo de poder ou autoridade. O que faz o médium ser melhor é aquilo que ele é e o que realiza. Mediunidade é uma bênção e médium é uma pessoa comum, como qualquer outra.

Demétrius e eu, assim como todos os trabalhadores desta casa, nos encontramos no serviço de ajudar ao próximo por necessidades nossas, e não porque somos preparados ou melhores.

O remédio que tem funcionado para nós, indicamos também para você. Faça seu tratamento com seriedade aqui no SEPAZ, ouça sempre as palestras com atenção e busque novos hábitos para que supere este momento tumultuado de sua vida. Compreendeu?

— Sim, compreendi e me sinto muito agradecida por tudo que vocês estão me oferecendo e por se expressarem com tanta humildade. Isso me contagia. Tenho vontade de ser assim algum dia.

— Com certeza você conseguirá dias melhores, Sabrina.

— Desculpe insistir, mas gostaria que falassem alguma coisa sobre o meu lado espiritual. Seria possível?

Bastou Sabrina fazer a pergunta, e Demétrius, demonstrando nítida alteração na fisionomia e na voz, esclareceu com profunda serenidade:

— Sim, você precisa saber de algo, Sabrina. Aquele episódio no banco não foi tão casual quanto pareceu a você. Seu pai, Humberto, estava presente. É esse mesmo o nome dele, não é?

— Meu paizinho? Que bênção! Sim, ele se chama Humberto.

— Ele estava acompanhado por espíritos amigos do nosso grupo e lá mesmo no banco prestamos a você um socorro de emergência, uma limpeza. Por isso, você se sentiu tão melhor de ontem para cá. Esse trabalho vai continuar aqui nos nossos tratamentos.

Sugiro que você mantenha constância nas reuniões durante quatro semanas e, em seguida, comece alguma atividade social e de estudos para dar continuidade ao seu trabalho de melhoria.

— Estou muito feliz em saber que meu pai está me ajudando – falou emocionada.

— Ele está aqui ao meu lado nesse momento e quer lhe dizer algumas palavras.

Sabrina, com um olhar infantil, repleto de expectativas, olhou para o rosto do médium e ficou concentrada. Seu pai, por meio da psicofonia, disse-lhe:

"Filha do meu coração, que Jesus nos guie na vida.

Meu coração dói de ver seu sofrimento, mas reconheço que você passa pelas lições de que necessita.

Esforcei-me muito para trazer você até esta casa, e lhe peço que se agarre com todas as suas forças na tarefa de cuidar dos assuntos da sua vida espiritual.

Aqui comigo está a vovó Nena, minha mãe, que lhe beija a testa com muito amor.

Aproveite este momento de bênçãos. O amor que une a nossa família espiritual é muito amplo. Você, que se supõe perseguida por entidades que a perturbam, está debaixo de muito amparo e muito amor. Acredite nisso e caminhe firme na construção da sua felicidade. Estamos sempre juntos em nome desse amor. Que Jesus a abençoe e proteja."

Enquanto ouvia o breve recado, Sabrina chorava como uma criança. Um alívio libertador tomava conta de seu coração. Estava pronta e apta a receber ajuda nos tratamentos de saúde. Percebendo isso, doutora Sandra orientou:

— Agora você será encaminhada à sala de tratamento, Sabrina, e na próxima semana passará novamente aqui no atendimento fraterno, para realizarmos uma nova avaliação de seu caso.

— Gente! A vovó Nena está aqui! Ai meu Deus! Eu vou ter um *piripaque*. Que saudade da minha avozinha!

— Nesse momento, ela canta a canção do sabiá para você – manifestou-se Demétrius.

Sabrina não conseguia falar mais nada. Aquela música era uma canção infantil cantada por dona Nena quando a neta dormia em seu colo.

Doutora Sandra, como de costume nos atendimentos fraternos, abraçou-a afetuosamente, e em seguida a conduziu para a sala de tratamentos espirituais.

TRATAMENTOS ESPIRITUAIS NOS CORPOS SUTIS

4

> "Tomando em consideração apenas o elemento material ponderável, a Medicina, na apreciação dos fatos, se priva de uma causa incessante de ação. Não cabe, aqui, porém, o exame desta questão. Somente faremos notar que no conhecimento do perispírito está a chave de inúmeros problemas até hoje insolúveis."
>
> *O livro dos médiuns, capítulo 1, item 54.*

Fomos para a sala de tratamentos junto com parte da nossa equipe que auxiliava no atendimento fraterno. Estavam presentes diversos espíritos que tinham laços afetivos com os encarnados e que prestavam serviços à Casa da Piedade e ao Hospital Esperança[1]. Demétrius, doutora Sandra e todos os demais atendentes encerraram as atividades de diálogo e também se dirigiram ao salão dos tratamentos mediúnicos.

Dona Modesta, Ermance Dufaux, vovó Catarina, irmão Ferreira e Carminha, que passou a se empenhar mais nas atividades externas, estavam cuidando da defesa do SEPAZ e de vários irmãos queridos.

As seis macas estavam alinhadas uma ao lado da outra. A equipe mediúnica dos encarnados tinha dezoito integrantes. Cada

---

[1] O Hospital Esperança é uma obra de amor erguida por Eurípedes Barsanulfo no mundo espiritual. Seu objetivo é amparar os seguidores de Jesus que se deparam com aflições e culpas conscienciais após o desencarne. Informações mais detalhadas sobre o hospital podem ser encontradas no livro *Lírios de esperança*, obra de autoria espiritual de Ermance Dufaux e psicografia de Wanderley Oliveira, Editora Dufaux.

maca poderia dispor, naquela noite, de três deles. Habitualmente a composição das equipes que trabalhavam em cada maca era composta por um médium ostensivo e dois passistas, que também prestavam outros serviços de orientação e arrumação do ambiente, embora durante a tarefa costumasse ocorrer muitas variações de funções e troca de tarefeiros entre as macas em função das necessidades que iam surgindo. Esses passistas também cumpriam a função fundamental de avaliar os trabalhos para posteriores conversas sobre melhorias e acompanhar as comunicações com os espíritos durante o trabalho.

As pessoas que seriam atendidas aguardavam em uma sala ao lado. Ouviam músicas suaves e relaxantes, em ambiente iluminado por uma luz azul, previamente preparado para recebê-las. Eram quase cem pessoas com corações sofridos e desorientados, com dramas iguais ou piores do que os de Sabrina. Eram chamados um a um, à medida que os atendimentos eram realizados nas macas.

Chegou a vez de Sabrina. Ela foi encaminhada para a maca da médium Maria Assunção, dedicada companheira da casa, pessoa humilde e despretensiosa, com qualidades mediúnicas extraordinárias. Assunção, como era chamada carinhosamente, trabalhava sempre com vovó Catarina, uma alma bondosa e de grandes conquistas. Sabrina foi conduzida pelos colaboradores que cuidavam da organização da tarefa e, logo que se deitou na maca, vovó Catarina disse:

— Louvado seja Cristo, *muzanfia*.

— Louvado seja! – respondeu Sabrina, timidamente.

— Meu nome é vó Catarina, viu, *fia*? A *nega* vai tratar *ocê* com carinho. A *fia* tá sofrendo os horrores do medo, né?

— Estou sim, preta velha.

— A *nega* vai ajudar. Fica quietinha que o fio *Demétis* vai fazer *faladô* com a *fia*.

Demétrius, que se encontrava compondo a equipe dos trabalhadores da maca ao lado, sendo orientado pelas sábias palavras de dona Modesta, começou a esclarecer a jovem como era realizado o tratamento.

— Fique calma e relaxada, Sabrina. Esse momento é muito importante para o seu futuro. A vovó Catarina é uma especialista em manipulação de forças direcionadas para o bem. Feche seus olhos e pense em Deus. Coloque seus braços ao lado do corpo, respire fundo por algumas vezes e solte bem os ombros e o abdômen.

Observe o aroma que está no ambiente. É o cheiro da arruda. Todas as noites colhemos alguns galhos no jardim da nossa casa espírita para formar esse ambiente de depuração e limpeza. Aspire profundamente esse aroma tonificante e aliviador.

Fique de olhos fechados enquanto a preta velha vai mexendo em seu corpo, para realizar essa limpeza. Eu vou explicar uma parte do que vai ser feito para que você tenha uma ideia de como o nosso modo de viver influencia a nossa vida espiritual.

Nesse momento, vó Catarina coloca a mão na região do seu umbigo. É aí que se localiza o chacra solar, grande responsável pelos acontecimentos que influenciam sua vida no momento. É o chacra onde o medo se aloja. Começou a ser realizada uma limpeza nesse local. Seu chacra está praticamente entupido de matéria mental excitante, geradora de ansiedade.

Para você ter uma ideia, ele apresenta, nesse momento, uma coloração laranja forte que gera irritação e emana um intenso calor e uma toxidade no ambiente. Seu chacra roda em velocidade acelerada pelo excesso de estímulos. Ele gira no sentido correto, o horário, mas o estado de ansiedade acelera sua rotação, produzindo ondas de irritação e desgaste.

É por aqui que você vem perdendo muita energia e travando seu sistema emocional. Nessa condição vibratória, outros chacras são afetados em larga escala. O mais desestruturado é o frontal, o chacra das percepções e o administrador das sensações pela capacidade aplicada do discernimento. Com tanto medo, a sua forma de ver a vida está comprometida. Você produz muito mais no campo da imaginação que no concreto, cria o clima da preocupação e da inquietude. Isso leva o corpo a um nível elevado de tensão e à alta produção do cortisol, hormônio do estresse.

Mesmo que você deseje fazer uma reforma íntima adotando novas condutas, como já lhe foram orientadas no atendimento fraterno, sem essa limpeza provavelmente você desistiria.

Essas energias que estão entupindo, literalmente, seu chacra solar causam um profundo desânimo, um bloqueio na sensibilidade emocional. Não há fluxo de sentimentos quando o chacra solar se encontra nesse estado, e a movimentação emocional necessária para que o amor, o esforço e a coragem de mudar produzam mudanças motivadoras fica fechada por essa matéria adoecida.

Nesse momento, vó Catarina, com o auxílio de enfermeiros e técnicos do mundo espiritual, retira uma grande quantidade dessa secreção energética doentia e a deposita em um tubo. Por incrível que pareça, tal matéria ainda será usada para produzir medicação e alimentos sintéticos a serem utilizados em regiões sombrias. Nada se perde na natureza. Na matéria mental da ansiedade está o antídoto para as crises de pavor de muitos que padecem dores terríveis nas furnas, ou ainda o ingrediente que vai nutrir um desencarnado em tratamento de pânico.

— Você está se sentindo bem, Sabrina? – perguntou Demétrius.

— Sinto um leve desconforto na barriga, parece que tenho vontade de ir ao banheiro. E umas pontadas na testa. Essas estão doendo bastante.

— Certo, são sintomas do tratamento. Exatamente nas áreas onde a espiritualidade está atuando. Mantenha-se calma e relate-me qualquer outra sensação incômoda. A tendência é que sinta uma sensação de paz e tranquilidade muito intensa, a cada minuto que passa.

Enquanto nossa querida preta velha continua a tarefa, queria lhe dizer que naquele encontro, no banco, foi feita uma limpeza na matéria mental despejada em sua aura. É nesse corpo áurico que são depositadas as energias mais recentes produzidas por sua mente. Naquele dia, você estava, como dizemos no popular, possessa e com uma vibração pesada. Por solicitação de seu pai e orientação de dona Modesta, limpamos sua aura e depois devolvemos para a natureza o conteúdo retirado. Essa parte da aura está bem melhor e mais limpa.

Agora a limpeza é mais profunda. O seu duplo etérico está sendo desinfetado. Mas ainda existem outras iniciativas a serem feitas no perispírito e em outros corpos sutis. A limpeza do perispírito só poderá ser feita daqui a três ou quatro dias, fora do corpo. Os próprios amigos espirituais farão essa intervenção a partir do trabalho de hoje. Porém, esclareço que é praticamente impossível fazer uma desintoxicação completa desse porte em menos de quarenta e cinco dias, em tratamentos continuados, semanalmente. Por essa razão, mesmo que você se sinta bem melhor a partir de hoje, mantenha firmeza no seu tratamento e não falte às sessões.

Gostaria de esclarecer, também, sobre algumas ocorrências que costumam surgir após essa primeira etapa de ajuda. Parte dessa matéria mental do medo será jogada no seu corpo físico; portanto, poderão ocorrer diarreias, inchaços, adiantamento do ciclo menstrual, tonteira, sensação de vômito, entre outros sintomas. Não se impressione caso os sinta, pois são considerados benefícios naturais para a continuidade do trabalho. Pode ser que nem chegue a senti-los, pois isso depende de cada caso.

Outro efeito provável pode ser sentido nos seus relacionamentos. Com a retirada dessa capa fluídica de componentes tóxicos da sua aura e do duplo etérico, você poderá apresentar alterações acentuadas nos seus sentimentos. Isso pode lhe trazer mudanças na forma como você lida com seus familiares ou em qualquer círculo de convivência. Você se sentirá mais livre e o medo que a atormenta cederá parcialmente, a ponto de você sentir mais determinação e coragem para tomar iniciativas necessárias e há muito adiadas. Fique muito atenta às suas decisões, pois serão um resultado muito imediato desse tipo de tratamento a que você está sendo submetida.

O médium Demétrius mantinha a mente completamente absorvida em oferecer à jovem algo construtivo. Falava tudo com muito carinho e em tom de voz baixo para não incomodar os demais tratamentos realizados nas macas ao lado.

Sabrina estava encantada com o que sentia e, quando foi incentivada a falar novamente sobre seus sentimentos, disse:

— Parece que estou no céu, Demétrius. Que vontade de ficar nessa maca para sempre!

E vó Catarina, por meio de Assunção, ouvindo a fala de Sabrina, manifestou:

— *Fia*, isso é fácil. Leva a maca *cum ôce, fia!* – e deu uma risada discreta, que foi acompanhada por Demétrius e pela atendida.

— Pois é, Sabrina – intercedeu o médium – a vó tem razão. Temos que levar o que sentimos aqui para dentro de nós mesmos, nas atividades do dia a dia. Você, depois desse tratamento, vai conseguir bons resultados.

— Na visão espiritual, haveria um nome para o que estou passando?

— Sim. O nome disso é auto-obsessão.

— Eu, obsidiando a mim mesma?

— Exatamente.

— Posso fazer mais uma pergunta? Juro que será a última.

— Fique à vontade.

— Mas como alguém pode chegar a passar por tanta dificuldade como eu passo, pensar em morrer e não ter nenhuma entidade ou macumba para agravar esse estado? – insistiu novamente no assunto já trazido no atendimento fraterno.

— Não é por outra razão que dona Modesta me pediu para narrar alguns detalhes do seu tratamento, a fim de que você pudesse ter uma visão do que é capaz de acontecer com a organização energética quando agredida pelos nossos próprios sentimentos.

É mais fácil pensar em entidades ou magia do que entender e aceitar que somos os únicos responsáveis pelos nossos problemas. É bem típico do ser humano querer encontrar fora de si a causa para suas infelicidades. Quem entupiu seus chacras? Será que alguém é capaz de produzir esse medo em você ou você consegue admitir que ele é só seu?

De fato, com um quadro energético como o seu, qualquer obsessor ou energia negativa podem afetá-la, mas você continua sendo responsável por abrir a sua frequência mental e energética para que tais coisas a prejudiquem.

— Está certo, vocês me convenceram. Não falo mais em entidades ou magia.

— O mais interessante é que dona Modesta está me dizendo que você é médium saneadora e tem, portanto, a capacidade de limpar ambientes e pessoas.

— Mesmo!?

— Devido a esta condição e sem o necessário equilíbrio e preparo, você vem puxando muitas energias negativas para si mesma e consumindo essa matéria que a adoece psíquica e emocionalmente. Sob esse aspecto, você não deixa de ter alguma razão quando procura fora de si alguma entidade ou força espiritual que possa lhe prejudicar.

— E o que eu faço com essa mediunidade?

— Por agora, nada. Primeiro, como já lhe orientamos, cuide de seu estado íntimo, reorganize sua vida emocional. Depois, na medida da sua frequência às atividades da casa, veremos qual o caminho para o que desejará fazer. É necessário frisar que, mesmo tendo um grau de mediunidade, isso não exclui sua responsabilidade. Não é ela que causa o problema, e sim a sua conduta.

— E o tratamento espiritual vai resolver meu problema do medo?

— Vai lhe ajudar nessa sobrecarga energética e mental. Sua ansiedade, porém, deverá ser cuidada em terapia. A sobrecarga é efeito energético, mas a ansiedade é coisa da alma, é sentimento.

— Que terapia?

— Terapia com um profissional fora do centro espírita. Até começar este trabalho e, mesmo depois, faça disso um hábito na sua vida, e busque também a luz da oração e da meditação como ferramentas de harmonização interior.

Assim que Demétrius terminou de falar, vó Catarina orientou:

— *Muzanfia*, assim já tá bom! *Vosmecê* tá bem mais *alimpadinha*. Vai *senti miora*, viu, *fia*! Fica com Deus – e deu um beijo na testa de Sabrina.

As atividades no SEPAZ continuaram até quase as vinte e três horas. Os diversos atendimentos proporcionavam gratificantes oportunidades de fazer o bem e estender o amor. O aprendizado era muito amplo.

As relações espirituais entre os trabalhos do SEPAZ e da Casa da Piedade eram estreitas. Além de outros casos parecidos com o de Sabrina, vários desencarnados foram atendidos em nome da generosidade.

Terminadas as tarefas no plano físico, Carminha e nossa equipe, juntamente com os coordenadores e assistentes espirituais do SEPAZ, ainda permaneceram ali na conclusão das rotinas dos atendimentos dos desencarnados beneficiados naquela noite. Várias macas em nossa esfera espiritual compunham a enfermaria abençoada no astral daquela organização física.

Entre uma e outra iniciativa, Carminha não perdia a oportunidade para as perguntas.

— Pai João, estou amando essa atividade fora da Casa da Piedade. Impressiona-me bastante que os centros espíritas tenham tanta disponibilidade para ajudar. Não vemos esse mesmo quadro nas igrejas. Eu, que ainda sou mais católica do que qualquer outra coisa, fico com inveja de tanta realização. Será que estou enganada na minha avaliação?

— Carminha, cada grupamento colabora com as ferramentas que possui. A igreja é também um local de amor e de luz. O centro espírita, por sua visão imortalista e seus princípios da caridade em favor do próximo, tornou-se um celeiro de bênçãos unindo o plano espiritual e o plano físico por meio do tesouro da mediunidade.

Aqui nessa casa encontramos condições raras de parceria e trabalho. Toda casa espírita é espaço de cooperação e auxílio. Parceria, no entanto, implica abertura de conceitos e postura de comprometimento acentuado com o ato de servir e de ser útil. Na maioria das organizações, temos o desejo de amparar; no entanto, em muitas delas, as regras e a rigidez de conceitos destroem a espontaneidade do coração.

O SEPAZ é um núcleo composto por trabalhadores que resolveram abrir mão da rigidez e escolher o bem alheio antes de qualquer padrão doutrinário. Para essas pessoas, o que importa é estender a ajuda, acima de tudo.

— O senhor está me dizendo que há centros onde esse trabalho não acontece, é isso?

— Na maioria deles, isso que você presenciou aqui não acontece. O excesso de normas e princípios são inimigos da caridade e do bem. Assim, como em toda religião, o costume de trocar o "homem" pelo "sábado" é uma realidade. Conforme os ensinos do Evangelho, muitos priorizam a formalidade e abandonam o ato de ser útil e afetivo. Relembremos o ensinamento de Jesus: "E disse-lhes: O sábado foi feito por causa do homem, e não o homem por causa do sábado."[2].

No SEPAZ, o homem vem antes do sábado. O sábado representa a formalidade prejudicial e impede o coração de estender benefícios de amor sem olhar a quem. Um trabalho como o que foi oferecido à Sabrina pode lhe subtrair anos de dor e lentidão nos seus propósitos de melhoria. Não se trata apenas de alívio, é uma misericórdia conceder-lhe essa limpeza.

— Esse tipo de trabalho não poderia ser executado em outros centros espíritas?

---

[2] Marcos, 2:27.

— Depende das ferramentas que empregam.

— Como assim, Pai João?

— Por exemplo, se usarem apenas o passe, que é uma ferramenta extremamente útil e benéfica, nestes casos não conseguiriam o mesmo resultado.

— E por que não?

— Por diversos motivos. O maior diferencial está nas condições de trabalho dos passistas, que nem sempre conseguem atuar com o magnetismo curativo, reduzindo o alcance do passe a apenas revitalizar forças e não produzir reações químicas nas moléculas de matéria agregada ao campo energético dos corpos sutis, tais como aura, duplo etérico, perispírito e outros corpos.

— O passe então não limpa essas energias?

— Limpa sim, mas não atua nos diversos graus de necessidades em casos tão graves como o de Sabrina, em que a natureza da matéria mental e o tempo de infestação nos chacras produziu condições muito severas que dependem de um campo energético mais intenso de metabolização, catálise e desagregação.

— E, exatamente, como isso é possível aqui no SEPAZ?

— O poder de uma mente encarnada, Carminha, é a melhor explicação.

O contato direto das mãos da médium Assunção sobre o corpo físico de Sabrina, utilizado sob intuição e amparo de vó Catarina, é como uma bomba energética de alto teor saneador.

A natureza atômica da matéria que está nos chacras da jovem é muito próxima da composição molecular da matéria física. Portanto, para ser atingida, necessita de uma energia mais densa, que é transferida pelo contato da mão da médium com o corpo de Sabrina.

Se ficar estabelecido como regra que não se pode tocar, então essa transmissão de energia será bloqueada e o trabalho de socorro, em casos específicos como esse, terá um efeito com menor alcance.

Além da questão do toque, há de se considerar ainda as condições psicológicas fundamentais de quem vai ser atendido, pois várias providências são tomadas pelo grupo para que haja maior bem-estar do assistido: a luz suave, o aroma purificador, a maca que proporciona conforto, a música relaxante e a presença dos espíritos amigos para um diálogo fraterno e consolador. Aqui se misturam as técnicas mais básicas da fluidoterapia espírita com técnicas complementares que agregam valor aos tratamentos espirituais. Uma combinação que só pode fazer mal a quem carrega preconceitos e tem a compulsiva necessidade de separar o que deve ser agregado.

Essa espontaneidade mediúnica orientada pelo bom senso e por sentimentos legítimos de servir e aprender são recursos de ótimos resultados na formação dessa parceria.

— Pai João, o senhor sabe como sou, não é? Quero saber mais!

— Fale, filha.

— Durante o tratamento, eu vi um de nossos cooperadores da Casa da Piedade colocando um número de identificação para o caso de Sabrina, em um formulário daquele que usávamos nas enfermarias de lá para pacientes novos. Para não o incomodar, preferi não perguntar nada na hora, mas, qual a razão para essa identificação?

— A partir do rumo que o caso de Sabrina estava tomando, dona Modesta permitiu ao seu pai, Humberto, adquirir o bônus da assistência de nossas equipes de socorro da Casa da Piedade para ela. Isto garante a continuidade de iniciativas de amparo por mais tempo. Humberto passará a ser o tutor dessa permissão, e não estará mais tão sozinho para ajudar sua filha, podendo contar com recursos mais amplos.

Esse número de identificação o promove a um cuidador da Casa da Piedade e o ajudará também a relacionar o auxílio com a cooperação entre a SEPAZ e a Casa da Piedade.

Sabrina tem grande potencial mediúnico e, dependo de suas escolhas, poderá se tornar uma trabalhadora eficaz no futuro. Nosso grupo de servidores conseguiu identificar possibilidades espirituais muito benéficas para essa moça.

— Ela me pareceu exageradamente ligada nas coisas dos espíritos.

— Coisas dos espíritos?

— É. Ela acha que, por trás de todas as suas dificuldades, há espíritos que a prejudicam.

— Isso acontece mesmo, Carminha. Ela, como muitas pessoas, tem uma tendência forte aos aspectos místicos e espirituais. Um traço da imaturidade emocional.

— Que estranho! Eu achava que essa crença poderia ser considerada fé entre os espíritas.

— Nem sempre. A fé sólida e racional nos espíritos tem outras formas de expressão. Esta crença exagerada nos espíritos como causa de suas dores é uma fuga. Resulta do costume de encontrar problemas fora e não querer examiná-los dentro de si. É um pensamento mágico que relaciona eventos da vida com causas que não explicam tais acontecimentos.

— Mas, e essa mediunidade saneadora dela, não pode estar puxando alguma negatividade, algum obsessor, agravando ainda mais o seu quadro?

— Claro que sim. Você mesma presenciou a cena no banco.

— Os obsessores temporários e circunstanciais?

— Sim, eles mesmos. Todavia, além deles, há algo novo aqui para sua reflexão que convém esclarecer.

— O que é, meu Pai?

— Os saneadores são médiuns que movimentam um enorme potencial de forças, principalmente, na frequência densa da matéria em que se encontram. São produtores, e ao mesmo tempo, dinamizadores de energias ectoplasmáticas, que são energias astrais que têm uma composição molecular muito próxima da matéria física na qual se encontram mergulhados. Por essa propriedade, as trocas que mais intensamente costumam acontecer são aquelas que envolvem os encarnados.

Boa parcela dos entupimentos nos chacras de Sabrina são decorrentes de suas relações tumultuadas, especialmente com seu marido, com quem tem uma convivência conflituosa. A ansiedade da jovem não é só dela. Pertence a um quadro doentio de campos energéticos construídos entre ela e o marido, que criou no lar um ambiente carregado de fluidos densos, compostos por pequenos corpúsculos astrais que produzem continuamente energias de irritação e preocupação. Essas energias, projetadas na vida mental de ambos, desencadeiam as mais variadas emoções à medida que os atingem.

Para você ter uma ideia da gravidade do assunto, são como pequenas bolhas de sabão avermelhadas que flutuam no ambiente do lar e que, ao tocarem na aura do casal, os excita para brigas, implicações, discórdias e uma gama imensa de sensações desagradáveis, deixando o ambiente intoxicado e sujo de más energias.

Pelo chacra solar, ela absorve uma parte desses corpúsculos que vão se acumulando e formando um bolo energético que funciona como um ímã, puxando a energia de ansiedade do marido para ela, piorando o seu próprio quadro emocional e psíquico.

Nessa ótica, Carminha, respondendo algumas dúvidas que você já me fez sobre os obsessores de Sabrina, o marido, atualmente, assume a condição de autêntico vampiro de forças, deixando-a desvitalizada, como se fosse um reservatório de lixos astrais das condutas inferiores que ele tem na vida social.

— Pai João de Deus! É uma obsessão entre seres humanos? Entre vivos?

— Correto. E é a mais comum das obsessões desse planeta, embora muito pouco considerada pelos que só acreditam na ação dos espíritos sobre as pessoas.

— Então, aquele lixo todo que jorrava pela cabeça de Sabrina, lá no banco, pertence ao marido?

— Boa parte sim, mas tinha muito da própria Sabrina naquela explosão de forças mentais. É o que acontece ao médium saneador que não trabalha suas forças morais e não depura sua vida emocional. Aqui nas atividades do SEPAZ sempre encontramos quadros semelhantes com médiuns saneadores. Depressões severas, quadros psíquicos com avançados processos de desequilíbrio, doenças físicas, problemas endócrinos, alergias, doenças pulmonares e circulatórias, entre vários outros problemas, podem encontrar muito alívio ou até cura quando os aspectos espirituais da aura, dos chacras, do duplo etérico e do perispírito são adequadamente tratados à luz da Medicina Vibracional.

— Pai João, está passando aqui uma coisa pela minha mente. Sabe como é, né?

— Eu sei, Carminha! Está sempre passando alguma coisa pela sua mente – e rimos descontraídos da nossa ironia. – Sua vontade de aprender é muito abundante. Diga!

— Se a Medicina humana adotasse esses conceitos sobre saúde, como seria?

— O mundo teria menos dor, minha filha. As pesquisas caminham nessa direção. Todavia, no jogo dos interesses materiais ainda entrava o progresso das ideias espiritualistas, nas esferas científicas. Os tratamentos da saúde humana sob a ótica do espírito imortal seriam muito mais eficazes, se considerassem a existência dos corpos sutis, especialmente o perispírito.

Kardec, já em seu tempo, refletiu sobre o tema e teve a oportunidade de dizer que, considerando apenas a matéria tangível, a Medicina, na avaliação dos fatos, fica sem uma causa incessante de ação, e o conhecimento do perispírito é a chave de inúmeros problemas de saúde e sem solução nos dias atuais. Hoje em dia, a Física Quântica e a Biotecnologia estão abrindo os horizontes para esse futuro.

— Muito interessante! Minha presença fora da Casa da Piedade está me trazendo um mundo novo, Pai João. Eu, que concentro minhas atividades e aprendizado nas enfermarias abençoadas de lá, não imaginava quanta riqueza e desafios se encontram nos serviços externos. O senhor acha possível conseguirmos uma autorização para eu me envolver em outras tarefas ligadas ao mundo físico?

— Muito provavelmente podemos conseguir isso, Carminha. Você poderá ser muito útil, considerando sua bagagem como enfermeira prestativa e organizada. Afinal, para cuidar de uma enfermaria como a da Casa da Piedade, tem que se ter muito preparo emocional, conhecimento sobre saúde e senso administrativo.

O gênero de serviços externos, no entanto, não comporta improvisos. Na enfermaria, experimentamos, ocasionalmente, situações imprevistas e fora do controle. Aqui fora, não temos nada sob controle. Nessa relação entre mundo físico e espiritual, os fatos desenrolam-se como tem que se desenrolar, e nossa ação nem sempre alcança os objetivos desejados.

Talvez você não imagine, por exemplo, o quanto foi difícil realizar um encontro entre Demétrius e Sabrina naquele banco. Foram muitas iniciativas frustradas. Por essa razão, o preparo para iniciativas externas inclui práticas sobre abordagem dos pensamentos e das emoções dos encarnados, e vastos conhecimentos sobre Medicina Vibracional.

— Como já lhe disse, farei o curso com o doutor Inácio. Já estou decidida a começar um caminho novo nas minhas experiências.

— Fico feliz. O trabalho é imenso e qualquer colaboração é muito bem-vinda.

Naquela noite, Sabrina saiu esperançosa das atividades. Sua mente estava mais sensível, seu coração, mais otimista. Estava leve, como ela própria definiu. A limpeza vibratória e o desabafo foram instrumentos de harmonização interior. Quem a viu no banco e a visse após os tratamentos espirituais daquela semana não diria se tratar da mesma pessoa. Sua fisionomia ficou mais suavizada, sua voz, moderada, seu sono melhorou e sua vitalidade foi parcialmente recuperada.

Após três dias da ajuda no centro, ela teve uma crise de ansiedade generalizada, passou muito mal e teve de ir a um posto de saúde para atendimento de emergência. Como previu Demétrius, alguns efeitos de ordem física poderiam ocorrer.

Na semana seguinte, ela retornou bem melhor ao atendimento fraterno, e passou mais trinta dias em trabalho de asseio energético. A cada sessão ela se sentia bem melhor, apenas sua ansiedade não apresentava sinais significativos de melhora.

Após a quinta sessão de tratamento, a doutora Sandra, que continuou acompanhando o caso, ofereceu-lhe uma vaga nos serviços voluntários do centro espírita para fazer terapia. Havia uma vaga disponível e Sabrina nada teria de pagar, já que se encontrava em momentos de expressiva crise financeira.

A jovem não pestanejou e aceitou o convite.

SESSÃO DE TERAPIA: O MEDO REVELANDO TALENTOS

> "Aquele, porém, que recebe a semente em boa terra é o que escuta a palavra, que lhe presta atenção e em quem ela produz frutos, dando cem ou sessenta, ou trinta por um."
>
> *O evangelho segundo o espiritismo*, capítulo 17, item 5.

No dia e hora marcados, Sabrina foi ao SEPAZ e dirigiu-se logo à sala onde se realizavam os atendimentos de psicoterapia. No plano espiritual, Humberto e Carminha me acompanhavam.

— Bom dia, Sandra!

— Bom dia, Sabrina. Que bom que você veio!

— É! Mas quase não consegui vir.

— Teve algum empecilho?

— Não é bem isso. É que esse negócio de terapia, sabe, não sei se vai dar certo. Fiquei muito desanimada, para ser sincera.

— E por que não daria certo?

— Para mim, Sandra... posso tratá-la assim ou devo chamá-la de doutora Sandra, como a maioria faz?

— Me chame como ficar mais confortável para você.

— Então, vai ser Sandra mesmo. Acho dispensável um tratamento muito formal. Bom, como ia dizendo, sinto-me desestimulada com a terapia porque, na minha concepção, ela é para gente louca.

— E qual o seu conceito de gente louca, Sabrina?

— Gente com o juízo fora do lugar.

— O seu juízo então está no lugar?

— Nem tanto, mas não a ponto de precisar de terapia.

— Você demonstra não ter uma informação segura a respeito da função da terapia, como é habitual nas pessoas.

— E para que serve terapia, então? Não é para resolver a loucura?

— Terapia é uma ferramenta que nos permite olhar para o que não queremos, na nossa intimidade. Faz sentido para você?

— Um pouco.

— Por que um pouco?

— Porque nem sei se preciso olhar para alguma coisa dentro de mim!

— Eu vou lhe ajudar a perceber isso fazendo a seguinte pergunta: depois dos tratamentos nesta casa, ficou claro para você que há algo na sua vida emocional que necessita ser avaliado?

— Ah, sim! Isso é bem claro. Desde o primeiro atendimento fraterno não paro de pensar em muitas coisas que você me disse.

— Em que coisas, por exemplo?

— Principalmente nos meus medos.

— Em algum medo específico?

— Olha, eu já tinha muitos e agora acho que tenho mais ainda, principalmente porque, depois desses tratamentos, tive uma melhora tão grande que fiquei me perguntando o que é que ainda estou fazendo ao lado do meu marido, tendo uma vida tão infeliz. Isso aumentou minhas tormentas com o medo.

Tenho vindo às reuniões praticamente na marra, porque ele, além de não ajudar em nada, ainda não quer que eu venha e fica ameaçando deixar as crianças sozinhas enquanto estou na reunião. Sinto muita raiva disso!

— Raiva, nesse caso, é medo. Mas é um bom sentimento, com certeza. É a partir dele que você obtém alguma condição íntima para efetuar mudanças. Se você continuasse alimentando aquela disponibilidade tóxica passivamente, seria pior. Suas ilusões estavam sendo alimentadas por essa passividade, sabia?

— Eu nem imaginava que uma coisa tinha a ver com a outra, mas essa boa vida que dava a ele acabou. Não faço mais isso desde a nossa conversa. Cuido de mim e das crianças, e ele que se vire. As coisas estão muito pesadas entre nós. Com isso, meu medo aumentou, e minha ansiedade piorou muito depois dos tratamentos aqui na casa.

— É compreensível. Você passou por uma limpeza energética que a deixou mais sensível e, ao encarar com mais garra os seus problemas, as reações aumentaram e, consequentemente, a sua ansiedade. Por essa razão, entre outras, a terapia vai ser um santo remédio para você. Compreendeu para que servem as sessões?

— Acho que sim. E como vou resolver isso, Sandra? Eu acreditei que estaria curada nos primeiros tratamentos e parece que os problemas só estão começando.

— A cura virá com o tempo. À medida que são resolvidos os problemas externos e internos, a cura vai surgindo. O que mudou foi que você teve um alívio para que tenha condições mínimas de enfrentar esses problemas. Você ficou com aquilo que lhe diz respeito nas suas dores.

— Achei que seria mais fácil, que os espíritos poderiam me ajudar a resolver os problemas lá em casa.

— Eles estão ajudando sim, mas tem uma parte que é só sua. Vamos falar mais de você e deixar os assuntos espíritas, pois eu evito misturá-los com a terapia, pode ser?

— Claro que sim. Falar o quê?

— Fale mais de seus sentimentos, desses medos...

— Tenho muita dificuldade em falar disso, quando vou começar acabo desviando.

— Vou lhe ajudar com perguntas. Comecemos por esta: qual a sua maior dor na vida?

— Minha maior dor? Deixe-me pensar... hummm... Meu Deus, que pergunta difícil!

— Fale daquilo que mais lhe faz sofrer.

— Queria ser mais esperta.

— O que significa "ser mais esperta"?

— Eu me sinto uma bobona, uma trouxa.

— Você está me dizendo que não consegue ser quem você gostaria?

— Exatamente isso. Nunca fui muito boa em ser a pessoa que gostaria de ser. Aquela coisa da disponibilidade tóxica que você me falou no atendimento fraterno. Sinto-me como se fosse uma escrava.

— Escrava?

— Sim. Eu faço a vontade de todo mundo e fico como uma escrava pra lá e pra cá, fazendo tudo que me pedem.

— Entendo. Que mais?

— Sinto-me como se tivesse sido passada para trás a vida inteira. Nunca consegui me impor. Queria ter mais paz, conseguir descansar, mas me sinto exausta.

— Exausta?

— É, cansada de tentar mudar isso sem conseguir.

— O que você tem tentado sem conseguir?

— Mudar as pessoas que amo.

— Você acredita mesmo que pode conseguir mudar quem você ama?

— Se meu marido mudasse, tudo seria diferente.

— E como você tem tentado mudar seu marido?

— Falando para ele como as coisas devem ser.

— E ele tem escutado?

— Nunca escutou.

— Por que você acha que ele nunca a escutou?

— Porque é um vagabundo.

— Vagabundo?

— Penso que ele não presta mesmo. Não quer nada com a dureza.

— Se você entende que ele não quer nada com a dureza, consegue perceber como foi importante mudar a estratégia e não ser mais tão disponível?

— Claro! Eu consegui mudar isso, mas ele... – a jovem fez uma fisionomia de deboche.

— E, ao mudar, qual foi o resultado no seu relacionamento?

— O que lhe disse, ele piorou.

— Piorou em que sentido?

— Ele me acusa de eu não ser mais a mesma.

— Entendo.

— Ele diz que agora quero ser uma dondoca, que só quero rezar e não cuido mais dele.

— Acho natural que ele reclame disso.

— Acha?

— Claro!

— Por quê? Você não me disse que ficar tão disponível para quem amamos faz mal?

— Sim, eu disse. Ele, porém, está acostumado com outra atitude sua, concorda?

— Totalmente acostumado.

— Então é justo que ele reclame. Você está tirando muitas coisas que facilitavam a vida dele.

— E estou errada em fazer isso?

— De jeito algum. O que você não pode é esperar que ele aceite, entenda ou mude o comportamento dele por conta disso. Para ele vai ser muito difícil.

— Pois ele que se dane. Não volto atrás – falou com muita raiva.

— Que bom que você está tão determinada, mas não espere mudanças dele. Pessoas mal-acostumadas com a disponibilidade de alguém, na maioria das vezes, reagem muito mal quando perdem as vantagens que tinham.

— Nossa! Eu não tinha pensado nisso.

— E como você se sente por pensar nisso agora?

— Sinto-me muito mal.

— E, especificamente, qual é esse sentimento?

— Sinto mais medo.

— Medo de quê?

— Medo de perdê-lo ou de ele querer fazer algo ruim comigo.

— Ah! Você tem medo de perdê-lo?

— Acho que tenho medo de perder qualquer coisa, sempre. Perder e ser agredida são fantasmas que me acompanham.

— E se você perder seu marido, o que é que mais lhe fará sofrer?

— A solidão.

— Solidão para você é ruim?

— Detesto a solidão.

— Por que a solidão é algo tão ruim? Que sentido tem esse sentimento para você?

— A solidão me provoca medo, tenho a sensação de que estou sendo castigada e agredida.

— Do que você tem mais medo?

— De não dar conta da vida.

— Você tem medo de não dar conta do quê?

— De não dar conta de conseguir o amor de alguém.

— Amor de quem?

— Do meu marido.

— E você tem o amor de seu marido?

— Não – e caiu em choro convulsivo nessa altura da terapia.

Doutora Sandra, sempre muito sensível, manteve-se calada e deixou Sabrina chorar à vontade. A pergunta tinha alcançado o fundo de sua alma sofrida.

Carminha, que também acompanhava a sessão, olhou para mim com os olhos cheios d'água, pois estava comovida com a dor de Sabrina. Na verdade, ela estava tão atenta à sessão que parecia estar vivendo o processo terapêutico "do lado de lá".

Doutora Sandra, depois de uns minutos, retomou:

— O desejo de ser amada é um desejo e uma necessidade natural, Sabrina. No entanto, assim como você, muitas pessoas estão usando os piores caminhos e alternativas para conquistarem esse alimento da alma.

O nome dessa doença, no dicionário da alma, é carência, a falta de ser amado, querido, motivado e preenchido com o afeto. Essa dor existencial da carência não se preenche com o amor do outro e sim com o amor-próprio, e é exatamente isso que costuma faltar à maioria das pessoas.

Esse medo de perdê-lo que você sente é, na verdade, um indicador de que já o perdeu.

— Já o perdi como, Sandra? Ainda não nos separamos.

— Perdeu na vida mental, no campo dos pensamentos e dos sentimentos. Perdeu o homem que você esperava que ele fosse e que a amasse. Cada dia que passa e você não recebe o retorno afetivo esperado, mais distante ele se encontra dos seus ideais afetivos. É uma perda que acontece na vida interior. Não se trata de separação.

Essa dor amargurante de querer tê-lo ao seu lado do jeito que você gostaria, nos moldes de seus sonhos de amor, é um indício da alma de que você já sabe que isso se torna cada dia mais inviável. Esse medo da solidão, na verdade, é o medo de ter de admitir isso e ter de viver do seu amor-próprio.

— Que complicado isso! Mas sabe, Sandra, pensando bem, não tenho mesmo um pingo de amor-próprio.

— Mas pode desenvolvê-lo. Todo mundo pode, se quiser.

— Nem imagino como fazer isso.

— Você já iniciou esse cuidado com você ao adotar novas estratégias em relação ao seu casamento.

— Só que a relação com meu marido piorou em vez de melhorar.

— Não é que piorou. Você é que está enxergando melhor o que sempre aconteceu. Seu marido a ameaça e você sente medo. Você sente medo e ele a manipula no sentido de levá-la a fazer o que não quer. Fazendo o que não quer, você se exaure e se deprime. É um relacionamento tóxico, no qual a exploração afetiva e a submissão mantêm duas pessoas adoecidas em uma união infeliz.

— E você acha que devo abandonar meu marido e seguir meu caminho?

— Não é o que eu penso que importa, e sim o que você deseja. Você tem de trabalhar pela sua felicidade, Sabrina. Seja qual for a sua decisão, ela tem de ter como referência sua felicidade. O que a faria feliz hoje?

— Viver longe dessa tormenta que está sendo o meu casamento e ter uma vida própria com meus filhos. Buscar um trabalho, dar conta da minha vida, estudar novamente e ter como cuidar de mim sem depender dele.

— Pense bem nisso. Parece ser um projeto honesto e de bom senso. Sobretudo, é algo que parte de você, da sua forma de pensar, do seu querer. Ninguém pode lhe dizer o que deve fazer, nem eu, nem sua mãe, nem os mentores.

Um dos pilares fundamentais para a construção do autoamor e da autoestima é fazer escolhas e responder por elas.

— Mas eu tenho muito medo de fazer isso, Sandra!

— Você tem medo é de escolher, Sabrina. Essa é sua maior dor interior.

— Medo de escolher! Nossa, acho que você foi bem no alvo. Morro de medo de decidir. Vivo uma vida de sonhos e planos aqui na minha cabeça, mas não tenho forças nem coragem para realizar o que imagino.

— Sonhar faz bem, porém, quando o sonho não ajuda a construir a realidade, fica tudo muito pesado. É a chamada sobrecarga mental, em que há muitos projetos, interesses e metas que não se realizam e só aumentam a ansiedade, parecendo cada vez mais distantes. Não é assim que você se sente?

— Exatamente assim. E quanto mais sonho, mais me sinto insegura.

— Este estado de insegurança é um dos nutrientes da ansiedade.

Pessoas ansiosas costumam ter dois extremos na conduta. Em um extremo há muita autoexigência e um perfeccionismo cruel. No outro há a negligência e o autoabandono, que levam ao adiamento sistemático da realização do que se deve fazer.

Com esse perfeccionismo, o ansioso pode tentar controlar a vida e as pessoas. E com a negligência, o ansioso pode estar pavimentando o caminho para que a descrença e a omissão entrem em sua vida. Em qual dos dois extremos você se vê?

— Sinceramente? Acho que vou de uma ponta a outra. Ora sou controladora, ora sou muito descrente de tudo.

— São as expressões da ansiedade na sua vida.

— E, afinal de contas, o que é essa ansiedade?

— No seu caso, ela é a expressão do medo.

— É, Sandra! Será que tenho jeito? Percebo que ele me atrapalha mesmo. Que imperfeição danada! Como posso acabar com esse medo, meu Deus?!

— Não é para acabar com ele. Ele não é uma imperfeição, é um alerta da sua alma. Todo medo indica algum aprendizado a ser feito.

— Não é uma imperfeição?

— Não, não é falha ou imperfeição. É um indicador de que você precisa se preparar melhor para enfrentar os eventos que teme.

— Para mim, é uma imperfeição, e me sinto uma derrotada por sentir medo.

— Não há derrota, Sabrina. Quando há irregularidade ou insuficiência diante de um aprendizado, surge o sentimento de frustração. Ele indica que você não fez o necessário para alcançar a meta.

O medo alerta o que você tem de superar. A frustração indica o que você precisa providenciar para superá-lo.

Medo e frustração são preciosos impulsionadores de melhoria. Porém, quando você começa a questionar sua competência e seu valor a partir desses dois sentimentos, abre-se a porta para a sensação de fracasso, que é um indicador de que você está precisando de ajuda e melhor orientação para lidar com o que acontece dentro de você. Ela é proveniente de uma forma inadequada de lidar com suas fragilidades, que causa a sensação de derrota. É como se para você fosse um erro sentir medo.

— Você conseguiu fazer um retrato perfeito de mim!

— Está vendo para que serve a terapia? Como você está se sentindo com esse nosso encontro terapêutico?

— Parece que está tudo revirado dentro de mim.

— Mas qual é o sentimento que surge diante dessas reflexões?

— De bem-estar, começo a sentir uma pontinha de esperança.

— Isso, Sabrina! Você usou uma ótima palavra: esperança. É ela que pode nos salvar de nós mesmos. Você percebe como mexer com seus medos já lhe trouxe algo de bom?

— É verdade. Mas ele não sumiu.

— E nem é para sumir. Ninguém vive sem medo. Ele é extremamente essencial ao equilíbrio emocional humano.

O que se necessita é fazer um aprendizado de educação emocional para lidar com ele de forma saudável e útil. A superação do medo só é possível quando aprendemos qual é a mensagem que ele quer transmitir.

Existe um medo natural e preservador da vida e existe outro neurótico, que é considerado tóxico. O primeiro é necessário e indispensável; o segundo é resultado da falta de habilidade em entender o que ele quer ensinar. Isso o torna um adversário emocional. Existe ainda o medo traumático, que é bem diferente dos anteriores e não se encaixa em nenhum dos seus objetivos.

O medo neurótico é composto por medos cujas funções sagradas são alertar ou nos fazer perceber algo sobre nossa vida interior, mas que não conseguiram cumprir seu objetivo. Em boa parte das vezes, o objetivo dele é sinalizar que necessitamos enfrentar o que tememos, porque a experiência adquirida com este enfrentamento é a porta que se abre para desenvolver um talento que está adormecido e pode nos libertar.

No seu caso, como você está varrendo seus temores para debaixo do tapete na sua vida mental, eles lhe causam muito mal. Nessa condição, eles criam uma força destruidora na vida emocional e se transformam em uma pressão que lhe afeta de dentro para fora. Assim, você vive constantemente sob o peso dessa pressão psicológica, que traz efeitos danosos ao seu campo psíquico, físico e espiritual.

Nesse caso, a sobrecarga costuma ser mais mental do que real. Na realidade, você daria conta das suas atuais obrigações sem a exaustão em que se encontra. Entretanto, por conta dessa opressão do inconsciente, você despende uma enorme quantidade de energia, se desgasta e se cansa com mais facilidade.

A ansiedade pode ser apenas um resultado desse conflito contínuo e persistente. Ela é uma pane na vida mental e no sistema nervoso, avisando que você já ultrapassou todos os seus limites suportáveis.

— Como poderei superar tudo isso, Sandra?

— Vamos adotar para você um plano com três medicações. Em primeiro lugar, vamos manter a terapia; em segundo, usaremos uma medicação ansiolítica e em terceiro, vamos buscar a mudança de conduta.

— Espere um pouco! A terapia é considerada medicação? Nunca havia pensado dessa forma.

— E por que não? Compare sua mente com uma jarra cheia de água. Metade tem água limpa e metade tem barro assentado no fundo da jarra. A terapia é como uma colher, cujo objetivo é retirar o barro, isto é, aquelas coisas que precisam ser mexidas no inconsciente. Quando você mete a colher no fundo para puxar o barro, a parte limpa da água se turva por um tempo.

Assim também acontece na terapia. Depois que você começa a mexer com sua intimidade, parece que tudo piora durante um tempo. Na verdade, isso acontece porque você está se enfrentando e está disposta a melhorar. Não desista de encarar seus medos. A sensação é de que tudo piora, mas isso vai passar, e sua jarra terá somente água cristalina. Você ficará com uma mente saudável e um inconsciente curado.

— Deus lhe ouça, Sandra! Com relação aos medicamentos, eu não sei mais o que fazer para mudar a minha conduta. A única coisa que sei é que preciso continuar enfrentando o meu marido.

— Não é o seu marido que você vai enfrentar. É o medo que sente na sua relação com ele. Nós vamos analisar juntas outras estratégias que poderão lhe ajudar.

— Com certeza. Estou começando a gostar dessa terapia!

— Que bom, Sabrina. Conhecer a si mesma vai mesmo lhe fazer muito bem.

Agora me diga, no campo dos seus relacionamentos, qual a conduta que mais a identifica no que diz respeito à autoexigência?

— Sou controladora demais. Tudo tem que ser como eu quero, do meu jeito.

— Isso cansa você?

— Muito.

— Por que quer controlar tudo desse jeito?

— Se eu não fizer, quem é que vai fazer, não é, Sandra?

— E se você pedisse para alguém fazer uma parte do que você faz?

— Além de não fazerem direito, acho que todos ficariam muito insatisfeitos comigo.

— Você controla porque sente que precisa agradar?

— Não sei...

— Se acha que ao pedir vão ficar insatisfeitos, o que perde com isso?

— Penso que, se ficarem insatisfeitos, ninguém vai me respeitar.

— Então, com seu controle, espera ter respeito?

— Sim.

— E está conseguindo?

— O pior é que não. Nem um pouco. Não tenho a consideração deles e ninguém me atende. Sou desrespeitada por todos o tempo todo.

— Você consegue compreender o que está acontecendo?

— Acho que sim. Se eu quiser mudar minha vida e ter o mínimo de consideração das pessoas, tenho que parar de querer agradar sempre. É isso?

— Quem tenta agradar a todos nunca terá tempo e oportunidade para ser quem é.

— Puxa, outro tiro bem no alvo!

— Que tal tirar um fim de semana para ir ao cinema com algumas amigas?

— Ah, Sandra! Não tenho amigas nem dinheiro para isso.

— Está vendo só! Você faz tudo para todos, e como você fica?

— É, mas vou lhe falar... Nesse negócio de terapia, a gente escuta muita coisa que dói também!

— Dói sim. A terapia é também uma delicada cirurgia e, algumas vezes, uma operação sem anestesia. Os benefícios, porém, são sempre muito motivadores.

— É, mas agora estou me sentindo um lixo. Antes estava até sentindo um alívio, mas essa coisa de tocar nesses assuntos de agradar a todos e ter muito controle de tudo me derrubou.

— Por qual razão?

— Percebo que não sei mesmo cuidar de mim, Sandra. Tenho sonhos e me sinto cada vez mais longe deles.

— Que sonhos?

— É como eu já disse... queria ser independente do meu marido, me vestir melhor, ter um carro para passear com meus filhos, voltar a estudar e até poder fazer as unhas. Estou me sentindo um caco de mulher.

Morro de inveja de tudo com relação às outras mulheres. Não posso nem olhar uma bolsa bonita que passo mal. Outro dia, passou uma jovem muito bem vestida e eu quase coloquei a mão na bolsa dela, de tão linda que era. Fiquei o resto do dia pensando naquela bolsa e me odiando por não conseguir ter uma. Fiquei hipnotizada pelo desejo de ter uma igual, até me senti tonta.

Sinto-me miserável, Sandra. Na verdade, não há outra palavra.

— Além de uma bolsa linda, o que mais a satisfaria, em relação aos seus sonhos?

— Nem sei dizer.

— O que mais tem faltado na sua vida neste momento? Tente me responder pensando na sua vida interior.

— Com certeza, descanso. Sossego. Só tenho problemas, problemas e mais problemas para resolver. Quem aguenta viver assim?

— Vamos então trabalhar isso. Faremos nossas sessões objetivando mais sossego interior, descanso das lutas e conflitos.

Veja, estando nesse quadro psíquico, se hoje você tivesse a chance de possuir aquela bolsa, possivelmente nem a aproveitaria o quanto merece. Nada impede que você busque melhorar sua condição financeira; todavia, não pode desfocar do investimento na sua realização emocional, que é a prioridade no momento.

Os seus sonhos serão alcançados. O caminho é aprender como cuidar de você. São muitas as pessoas que também se encontram assim. Já são adultas, jovens ou mais maduras, mas não aprenderam a se proteger, a desenvolver amor por si mesmas.

Quase sempre foram educadas com crenças limitantes, uma herança cultural pesada na qual o conceito de amor foi amordaçado pelo comportamento de submissão e nociva servidão. A autonomia e o amor-próprio, nessa ótica mais tradicional, ainda continuam sendo examinados com muito preconceito. Para a mulher o assunto ainda é pior, porque muitas foram totalmente moldadas por crenças que sugerem o completo autoabandono como prova de amor.

Quando você me fala que o que lhe falta é sossego e descanso, não podemos ignorar a palavra "prazer". Sua vida está quase totalmente focada em obrigações e deveres que eliminaram as suas aspirações de prazer.

— Prazer! Meu Deus, você disse tudo, Sandra. Nem sei mais o que significa isso. Palavrinha da qual eu sinto muita saudade – falou com os olhos cheios d'água.

— O seu autoabandono, com a ausência de prazer na vida, tem uma íntima relação com a sua ansiedade. A partir de hoje, quanto mais você adotar condutas e decisões que a aproximem do seu objetivo em obter mais alegria, paz e sossego, mais a sua ansiedade vai diminuir gradativamente, porque essa pressão interior vai reduzir também. Entendeu?

— Muito claro, Sandra. Tenho de admitir que eu realmente me abandonei.

— Os medos que tanto a martirizam têm íntima relação com essa atitude. Entretanto, aprofundando um pouco o que já lhe disse, medos como os seus são indicadores de que potenciais valorosos se encontram adormecidos em seu coração.

Com o medo de perder o marido ou o casamento, você terá de descobrir sua autonomia. Com o medo de ser afetada por forças obsessivas, você vai desenvolver antídotos para adquirir a imunidade.

Com o medo de não conseguir dar conta das obrigações da vida, você fará o encontro com talentos e forças desconhecidas que tem em si mesma, que surgirão quando buscar superar os desafios que lhe baterão à porta, pedindo esforço e vontade firme. Nessa perspectiva, o medo é um revelador de talentos.

Pior seria se você nada temesse, porque correria o risco de pegar os atalhos da irresponsabilidade para tentar resolver de forma ilusória os desafios da existência.

Seus medos, de alguma forma, testemunham sobre a consciência que você tem das dificuldades que a esperam. Demonstram que você sabe que terá de se preparar melhor, e necessitará de ajuda.

Episódios emocionais de tanto temor com a vida são intimações internas para que assumamos nossos valores e nossas qualidades.

Nesse ponto do diálogo, observei que Humberto estava mentalmente conectado às antenas psíquicas da médica. Com um gesto singelo de aprovação, motivei o pai de Sabrina a assessorá-la mediunicamente e, sob a inspiração do seu coração bondoso, a doutora Sandra disse:

— Sabrina, eu sempre evito misturar minha profissão e minha crença com a espiritualidade, mas tenho de ser franca com você. Nesse momento, tenho uma intuição muito forte a seu respeito que gostaria que guardasse em sua alma.

Vejo um futuro promissor para você nas lides do serviço espiritual. Esse ajustamento às atividades será o corretivo nos rumos da sua atual reencarnação.

Alguém que muito lhe ama e que está no mundo dos espíritos, possivelmente seu pai, que lhe trouxe aquela bela e profunda comunicação no início do seu tratamento nesta casa, está se esforçando para que você se dedique a essas responsabilidades, considerando os talentos a que me referi.

Não saberia lhe dizer com detalhes em que campo de trabalho isso poderá acontecer, mas me vem à mente muito forte a parábola do semeador, na qual a semente lançada em boa terra deu frutos abençoados.

"Aquele, porém, que recebe a semente em boa terra é o que escuta a palavra, que lhe presta atenção e em quem ela produz frutos, dando cem ou sessenta, ou trinta por um."

Onde existem pessoas com tanta dor, assim como você, existem também talentos escondidos. Acredite, mesmo sem ter noções claras, nesse chamado divino para sua alma.

Não haveria da parte desses benfeitores atenção e amparo tão especiais como os que você tem recebido aqui no SEPAZ se não houvesse ressonância em sua intimidade com relação às mensagens libertadoras que lhe estimulam a caminhar e crescer.

Enquanto existe medo, mesmo em estágios tão sacrificiais quantos os seus, existe uma base de sustentação da sanidade e do desejo de avançar.

Compreendeu o que eu disse?

— Nossa! Estou emocionada, Sandra. Acho que nunca ouvi algo tão bom a meu respeito. Chego até a ficar em dúvida se será possível tudo isso acontecer.

— Saber dessa possibilidade fez bem a você?

— Sim! Fez um bem enorme!

— Terminamos aqui nossa sessão de hoje. Leve com você esse estímulo e retorne na próxima semana. Faremos um ciclo de dez a doze sessões terapêuticas, no seu caso.

— Espero estar firme em todas elas, Sandra!

6
PLANEJAMENTO DO CASAMENTO NO MUNDO ESPIRITUAL

"Uma vez que os Espíritos simpáticos são induzidos a unir-se, como é que, entre os encarnados, frequentemente só de um lado há afeição e que o mais sincero amor se vê acolhido com indiferença e, até, com repulsão? Como é, além disso, que a mais viva afeição de dois seres pode mudar-se em antipatia e mesmo em ódio?"

"Não compreendes então que isso constitui uma punição, se bem que passageira? Depois, quantos não são os que acreditam amar perdidamente, porque apenas julgam pelas aparências, e que, obrigados a viver com as pessoas amadas, não tardam a reconhecer que só experimentaram um encantamento material! Não basta uma pessoa estar enamorada de outra que lhe agrada e em quem supõe belas qualidades. Vivendo realmente com ela é que poderá apreciá-la. Tanto assim que, em muitas uniões, que a princípio parecem destinadas a nunca ser simpáticas, acabam os que as constituíram, depois de se haverem estudado bem e de bem se conhecerem, por votar-se, reciprocamente, duradouro e terno amor, porque assente na estima! Cumpre não se esqueça de que é o Espírito quem ama e não o corpo, de sorte que, dissipada a ilusão material, o Espírito vê a realidade."

"Duas espécies há de afeição: a do corpo e a da alma, acontecendo com frequência tomar-se uma pela outra. Quando pura e simpática, a afeição da alma é duradoura; efêmera a do corpo. Daí vem que, muitas vezes, os que julgavam amar-se com eterno amor passam a odiar-se, desde que a ilusão se desfaça."

O livro dos espíritos, questão 939.

Terminada a sessão de terapia, Humberto acompanhou a filha. A doutora Sandra continuou os atendimentos e Carminha acompanhou-me na realização de outras iniciativas em bairro nobre de Belo Horizonte. No caminho, a enfermeira dedicada, que não perdia o costume de fazer perguntas educativas, me abordou:

— Fico aqui pensando, Pai João, como será o futuro dessa moça. O senhor sabe exatamente sobre o que Humberto inspirou a doutora Sandra?

— Sei sim, Carminha. Sabrina tem tarefa definida em seu projeto reencarnatório.

— Qual tarefa? Posso saber?

— Médium saneadora.

— Pai João, o senhor me perdoe por fazer tantas perguntas a respeito dos princípios do mundo espiritual. Como já lhe disse várias vezes, tem hora que nem eu acredito que esteja morta. Um devaneio de alguns segundos e lá estou eu achando que ainda estou viva do lado de lá.

— Você não está morta, Carminha.

— Ah! O senhor entendeu... Morta ou desencarnada, para mim, é a mesma coisa. O certo é que ainda penso como se estivesse no mundo físico e, sendo assim, meu pensamento é mais para o catolicismo do que para o Espiritismo ou coisas do gênero. Portanto, queria saber o seguinte: para ser médium saneadora precisa de planejamento?

— Para tarefas tão definidas como no caso de Sabrina, é necessário que haja um planejamento, sim.

— E se não houvesse uma tarefa tão definida?

— Ela poderia ter essa característica mediúnica, mas estaria livre do compromisso consciencial de ser médium.

— Então, os médiuns como Demétrius e Assunção têm planejamento nesse sentido?

— Sim. Ambos têm compromissos bem específicos com tarefas no campo da saúde.

No caso de Sabrina, o seu pai cuidou dos caminhos da filha, encaminhando-a desde cedo para as abençoadas atividades educativas da evangelização de crianças no centro espírita. Com o tempo, já na juventude, ela tomou outros caminhos, mas jamais esqueceu os ensinamentos que recebeu, e ouvia, pela sua sensibilidade, os chamados que repercutiam em seu íntimo. Agora, está retomando sua programação espiritual e sente, nas profundezas da alma, que tem algo a realizar para o bem de si mesma e de sua vida social. É exatamente esse apelo na alma que lhe causa tanto temor e desconforto. Inconscientemente, ela teme se afastar daquilo que planejou e transfere esse temor para tudo o que a ocupa, acreditando que todas essas obrigações poderão desviá-la de suas metas.

— Que sutil essa transferência!

— Muito sutil. Essa é a razão de Humberto redobrar seus esforços para encaminhá-la às atividades mediúnicas.

— E pelo visto vai conseguir...

— Demorou, mas parece que está chegando esse momento glorioso.

— Que alegria para esse pai!

— Ele merece. Já passou muitos apertos com Sabrina.

— Imagino! Tive irmãs mais jovens que deram muito trabalho aos meus pais.

— Você compreendeu sobre o planejamento reencarnatório da médium?

— Compreendi sim, e o senhor já sabe como funciona minha cabeça.

— Você tem mais perguntas, não é? – brinquei com Carminha enquanto nos dirigíamos para a próxima tarefa.

— É, tenho muitas perguntas que gostaria de fazer.

— Então faça.

— Essa coisa de planejar a reencarnação também aconteceu com relação ao casamento de Sabrina com esse marido sem juízo?

— Não, minha filha.

Os casamentos fazem parte da grande maioria dos planejamentos reencarnatórios, porém, são poucos os que conseguem se manter na direção do que foi programado.

O casamento de Sabrina é considerado, aqui no mundo espiritual, como acidental, isto é, foi ocasional, fruto de interesses passageiros, pois não estava planejado antes do renascimento.

— Quer dizer que ela está com ele de bobeira, como falam os jovens? Gastando tempo à toa?

— Não é bem assim. Embora não tenha sido planejado, ninguém se vincula a outra pessoa sem um motivo justo.

Quando é feito o planejamento reencarnatório, são levados em consideração as necessidades e também os interesses do reencarnante.

Em casos como o de Sabrina, prevalecem os interesses que conduzem, quase sempre, às necessidades de aprendizado das pessoas. Ela e o marido se uniram por afinidade de interesses como sexo, beleza física, vida social e outros gostos pessoais que, com o tempo, fazem surgir as necessidades reais que os levaram a se unir, como egoísmo, carência, medo e solidão.

Sabrina não é vítima de um marido sem juízo. Antes de casar, ela já sabia sobre as peripécias do marido que, na verdade, é uma criança grande. Um homem muito mais doente do que sem juízo.

A união que aconteceu por interesses está agora em um estágio em que só o que sobrou são as necessidades de ambos, que sempre existiram. Cada qual deverá responder e resolver por si mesmo aquilo que lhe compete no reino da alma individual.

— Quer dizer que o casamento, mesmo sendo acidental, tem uma razão de ser?

— Mesmo o que não está planejado tem um motivo para acontecer, não existe acaso. Há leis vibratórias de sintonia, de necessidades morais, emocionais e psicológicas que foram forças ativas na união dos dois.

— E o senhor tem uma noção do futuro desse casamento?

— Pelo que você pôde perceber na sessão de terapia, a doutora Sandra está trabalhando com foco no erguimento da estima pessoal da moça. Ela tem respondido muito bem à iniciativa e está se reorganizando emocionalmente. Caso o marido não faça o mesmo, as chances de separação são grandes. O tempo dirá.

Ela está a caminho de encerrar um ciclo de experiências e aprendizados que colocará o relacionamento deles em novo estágio, não há dúvidas sobre isso, mesmo porque muita água ainda vai rolar debaixo dessa ponte.

— Quer dizer que o fato de ser um casamento acidental, ainda assim, pode dar certo?

— O fato de ser acidental não quer dizer que seja um acidente, que fatalmente não vai dar certo. Pode vir a ser um excelente casamento. Não é o planejamento que garante o sucesso ou a infelicidade de uma união, e sim a postura dos cônjuges.

— E posso saber se Sabrina tem um planejamento com outra pessoa?

— Tem sim.

— E essa outra pessoa está esperando que ela resolva a vida dela?

— Não, nesse momento ele está namorando, a caminho de um noivado.

— E pode ser que ele não chegue a se casar?

— Sim, há uma possibilidade. Nada disso, porém, impede que a união entre eles se realize ainda nessa mesma reencarnação.

— Se o homem que está ficando noivo vier a se casar e tudo der certo, Sabrina ficará sozinha?

— Fica sem a pessoa que estava em seu planejamento, mas não ficará sozinha obrigatoriamente. Ela tem o direito de refazer sua vida afetiva a qualquer momento.

— Mas, e se o homem com o qual ela está casada hoje fosse o do planejamento reencarnatório de Sabrina, como se chamaria esse casamento?

— Eles teriam então um casamento provacional. Este é o tipo de casamento da maioria das pessoas na Terra.

— Caso tivesse um casamento provacional em sua programação, ela teria de sofrer com um marido alcoólatra e perturbado?

— Não. Estaria planejado que ela teria muito o que aprender sobre o medo e a coragem na superação de obstáculos em clima de penúria material e outras grandes e essenciais lições.

O casamento provacional é um plano de vivências para a realização de um aprendizado. Isso é muito diferente do conceito popular de carma que se espalhou na cultura ocidental, no qual uma pessoa reencarna ao lado de outra para pagar dívidas por meio do sofrimento.

O planejamento reencarnatório prevê as condições ideais para o aprendizado que o espírito necessita realizar; o carma é o que a pessoa precisa aprender.

Ninguém tem carma com o outro. Essa noção popularizada de que temos de fazer um resgate espiritual com outra pessoa é uma interpretação que merece reavaliação.

Temos compromisso cármico com nossa libertação pessoal e podemos sim necessitar e desejar auxiliar as pessoas que, de alguma forma, sofreram por decisões e atitudes de nossa parte. O planejamento é feito considerando esse reencontro, mas não é a dor ou o sofrimento ao lado dessa pessoa que faz com que o carma possa se cumprir. O que faz a roda cármica girar é o que se aprende com os sofrimentos e desafios da vida na aquisição sublime do amor. Esse conceito de pagar dívidas é muito insensato. É como se você tivesse de suportar toda a desonestidade, crueldade ou insanidade de alguém como um efeito do que você fez em outra vida. Seria algo muito improdutivo e rígido, e o planejamento das reencarnações não comporta essa inflexibilidade.

Ninguém planeja sofrer. Planejamos a felicidade e a libertação da consciência. O sofrimento decorre da ausência de habilidades e recursos ainda não adquiridos por nós em nossos relacionamentos e da nossa falta de cuidados para conviver. A dor nessa perspectiva se torna impulsionadora. Sofrer por sofrer sem buscar uma reação positiva para sair do sofrimento é doença, e não planejamento.

A forma limitada de pensar que se não evoluirmos pelo amor o faremos pela dor, também solicita um melhor exame. Entre um e outro há um ponto de equilíbrio, um estágio intermediário.

Entre a dor e o amor há o que aprendemos, a nossa experiência adquirida. Há uma bagagem capaz de nos ajudar a superar e nos libertar da dor, que nem sempre nos levará imediatamente ao amor, mas nos conduzirá ao respeito, ao perdão, ao esforço, à renúncia, aos cuidados na arte de viver e conviver, e ainda a várias outras formas de levar uma vida com responsabilidade, avançando e evoluindo sempre para um dia sentir o amor em nossas relações.

Existem algumas provas que o espírito escolhe antes de nascer que são chamadas compulsórias. São aquelas que não serão mudadas ao longo de uma mesma reencarnação. Por exemplo, uma deficiência física irreversível ou uma morte trágica. Essas provas compulsórias, que funcionam como sanções reeducativas e depuradoras, são classificadas no Espiritismo como expiações. A expiação, circunstancialmente, pode também atingir esse caráter de aprendizado e ser chamada de carma, mas, a rigor, é uma limitação imposta com fins de colocar freio, impedir maiores quedas.

No entanto, aquelas provas escolhidas pelo espírito com fins de aprendizado podem ser alteradas ou mesmo suprimidas, dependendo de como o espírito realiza seu aprendizado. Caso venha a fugir de suas provas e agravar sua vida com escolhas mais infelizes ainda, ele poderá construir uma expiação para o futuro, que visa colocar um limite, um freio naquela conduta infeliz e repetitiva na sua caminhada evolutiva. A expiação é, portanto, uma pena, uma sanção, enquanto a prova é um aprendizado.

Culturalmente, nos meios espiritualistas, incluindo a comunidade espírita, utiliza-se a palavra carma para designar aquilo que a pessoa obrigatoriamente tem de passar como se isso fosse irreversível. Porém, o carma pode ser alterado de acordo com as ações do encarnado.

Esses temas costuram-se e misturam-se. Qualquer divisão didática só é válida para ajudar a pensar, embora possam existir múltiplas formas de examinar esses temas, de conformidade com cada caso.

— Como lhe disse, querido Pai João, sou mesmo uma analfabeta nos assuntos espirituais. Imagina o que passou em minha mente pequena?

— Eu sei, Carminha.

— Sabe mesmo?

— Sei sim. O que você quer saber é muito genuíno e necessário. Pode perguntar.

— Suponhamos que Sabrina necessitasse de um casamento provacional. O que levaria uma pessoa a escolher vir ao lado de um marido que, como o senhor falou, é doente, e ainda ter de passar por tantas lutas? Será que ela, antes de reencarnar, sabia com certeza que se escolhesse um homem assim iria passar exatamente pelo que está passando?

— Minha filha, são raríssimas as pessoas que participam ativamente do seu próprio projeto reencarnatório. É necessário ter muito merecimento e preparo. Lembremos do que os espíritos amigos já nos trouxeram:

> "Como pode o Espírito, que, em sua origem, é simples, ignorante e carecido de experiência, escolher uma existência com conhecimento de causa e ser responsável por essa escolha?"

> "Deus lhe supre a inexperiência, traçando-lhe o caminho que deve seguir, como fazeis com a criancinha. Deixa-o, porém, pouco a pouco, à medida que o seu livre-arbítrio se desenvolve, senhor de proceder à escolha e só então é que muitas vezes lhe acontece extraviar-se, tomando o mau caminho, por desatender os conselhos dos bons Espíritos. A isso é que se pode chamar a queda do homem."[1]

---
[1] *O livro dos espíritos*, questão 262 - Allan Kardec - Editora FEB.

Quando os guias de luz usaram a expressão "Deus lhe supre a experiência" referiam-se aos tutores e avalistas de reencarnações. E nem sempre, pelo bem do próprio reencarnante, ele toma conhecimento prévio do que foi organizado em seu projeto reencarnatório.

— Que interessante! Saber que temos representantes de Deus que cuidam de nós, inclusive nesse ponto, é muito bom. Todavia, acho que iria preferir saber de tudo antes de renascer no corpo físico.

— Chega a ser perigoso saber disso antes de voltar, Carminha.

Pense em sua história. Você mesma deve ter sofrido muito com a solidão afetiva ao ficar solteira, não sofreu?

— É, essa experiência dói até hoje, Pai João.

— Já pensou se, antes de renascer, você fosse participar de seu projeto de renascimento e soubesse disso, antes mesmo de voltar? Como acha que se sentiria? Até hoje você não conseguiu superar todas as suas dores. Passou uma existência sem união afetiva que pudesse lhe compensar os sonhos de amor. Certamente seria infinitamente mais doloroso saber antecipadamente como retornaria à vida física. Como lhe disse, poucos estão nessas condições de preparo e merecimento.

A maioria das reencarnações é avaliada por espíritos amigos que tutelam os caminhos de quem vai regressar ao corpo físico. São projetos elaborados por intercessões benéficas em favor do reencarnante.

— E, se eu tiver acesso ao meu projeto, poderei saber quem avalizou meu retorno ao corpo físico?

— Claro que sim.

— É, Pai João, acho que estou entendendo melhor o que aconteceu comigo e o porquê de eu não ter me casado – expressou seriamente a enfermeira.

— E o que passa em sua mente fértil, Carminha?

— O senhor não prefere ler novamente o que está em meus pensamentos?

— Melhor não, minha filha. Expresse sua angústia.

— É uma angústia mesmo! Vou criar uma suposição: não tive um casamento em meu planejamento nem me precipitei em uma relação acidental. Se isso for como estou dizendo, qual seria meu planejamento?

— Existem também planejamentos para solteirões.

— Mesmo!? Há programações para ficar solteira uma vida inteira?

— Exatamente. Alguns podem organizar esse tipo de vida dependendo de várias necessidades de aprendizado, mas tem um item delicado nesse assunto. – falei, instigando a curiosidade insaciável de Carminha.

— Que item?

— Existem também os solteirões acidentais, aqueles que não se casam porque impedem o avanço de qualquer tipo de união por ter um temperamento difícil ou por opção de vida.

— Nesses casos, esses solteirões tem um casamento planejado e terminam solteiros?

— Você aprende rápido, hein!

— Meu Deus! Acho que pode ser o meu caso. Tive alguns relacionamentos, mas ninguém me suportava, Pai João. Fui trabalhar de enfermeira no mundo físico e foi onde me dei melhor. Todos os colegas e pacientes eram meus parceiros. Brincava de ser a esposa de vários deles. Casamentos de brincadeirinha. Teve mesmo até pacientes que, de tanto brincar, a coisa acabou ficando séria, e pulei fora.

— Tudo tem sua hora.

— É! Agora só na próxima reencarnação, como dizem vocês espíritas. Sei lá!

— Nada disso. As coisas podem começar por aqui mesmo.

— Por aqui mesmo, como assim, Pai João? Não vai me dizer que...

— Sim, isso mesmo. Tem casamento aqui também. Nunca ouviu dizer que algumas pessoas se casam na capela da Casa da Piedade?

— Pensei que isso era uma cerimônia para aqueles que já haviam se encontrado no mundo físico.

— Não, Carminha. O casamento é também para aqueles que se encontram do lado de cá.

— Olha só! Quando digo que parece que estou mais no mundo físico do que aqui na vida dos mortos, falo isso por coisas assim.

— Você tem razão. A vida muda muito pouco em termos de costumes e objetivos nos planos espirituais mais próximos da psicosfera da Terra. Casamentos mais sublimes com costumes diferentes só mais para cima, em planos bem mais elevados.

— E sexo, tem também? Do jeito que é na Terra?

— Exato, e como não haveria de ter?

— Só falta o senhor me falar que existe gravidez por aqui.

— Vou deixar você refletindo sobre o assunto, minha filha. Esse costuma ser o grande drama de quem perde o corpo físico. Na verdade, parece que nada mudou.

— Mais uma vez, tenho de elogiar os espíritas. Com tanto conhecimento do que acontece aqui, devem ser os únicos que conseguem distinguir bem as coisas nessa vida.

— Nem sempre, Carminha.

Ter conhecimento é algo muito arriscado para espíritos com o nível moral semelhante ao nosso. O orgulho costuma contaminar muitos espíritas com arrogância e pretensão quando o assunto é relacionado às coisas do espírito.

São muitos os companheiros de Espiritismo que, ao desencarnarem, não acreditam no que veem por aqui. Alguns chegam a supor que estão sendo ludibriados. Muitos idealizam um plano espiritual à moda pessoal e acreditam que sabem tudo e que detêm todas as respostas, ainda mesmo quando estavam no mundo físico. E, ao chegar aqui, querem que tudo aconteça conforme a vida mental de cada qual.

Ainda outro dia, na Casa da Piedade, atendemos a um irmão muito querido ao coração de Bezerra de Menezes. Quando esse companheiro conseguiu levantar-se do leito, depois de muitos tratamentos, foi levado a reuniões no salão, onde está aquela foto grande do nosso benfeitor.

Ao olhar para a foto, perguntou quem era. Foi dito a ele que se tratava de Bezerra de Menezes e ele, numa atitude arrogante, disse que aquele não era ele porque naquela foto ele estava mais jovem e sem barba, e que o Bezerra que ele conhecia muito bem tem uma barba longa. Ele não aceitava uma imagem como aquela, na qual, além de tudo, o querido benfeitor estampava um largo sorriso.

Sabe o que fez o nosso assistido? Revoltou-se e começou a dizer que estava sendo enganado por nós. Começou a gritar e, foi tanta a sua agressividade com os enfermeiros, que teve de ser sedado e levado de volta às macas. Horas depois, indagado sobre a natureza da revolta, ele disse que Bezerra jamais se apresentaria com um sorriso daquele. Na concepção dele, aquele espírito era, no mínimo, um zombeteiro.

Os espíritas que chegam aqui em melhores condições não são os que têm mais conhecimento, mas aqueles que aprenderam o que fazer com o conhecimento para se tornarem pessoas melhores, com mais paz e respeito aplicados na sua convivência consigo mesmo e com os outros.

Existem hospitais e outras organizações no mundo espiritual com serviços especializados em tratar o choque enfrentado por pessoas com conhecimento espírita e que sofrem diante da realidade do mundo espiritual. Um dos mais conhecidos e respeitados é o Hospital Esperança.

Mentes com expectativas muito claras e definitivas sobre o que os espera após a morte costumam ter mais dificuldade de adaptação do lado de lá do que aqueles que nada esperam ou não sabem o que esperar.

Pelas informações de estatísticas realizadas no Hospital Esperança, vem crescendo acentuadamente a necessidade desse trabalho em função das ideias engessadas que muitos idealistas alimentam sobre a pátria espiritual. Todos nós, sejamos ou não espíritas, ao desencarnarmos, nos deparamos com muitas novidades e surpresas.

— É, acho que não vou dizer mais nada, sabe? Tenho mesmo de me acostumar mais com essa relatividade de tudo por aqui. Posso fazer uma perguntinha indiscreta, Pai João?

— Claro que pode.

— Como o senhor sabe todas essas coisas sobre o planejamento reencarnatório de Sabrina?

— Tive acesso à sua ficha reencarnatória.

— E onde fica essa ficha?

— Em esferas mais elevadas que a nossa.

— O senhor foi até lá?

— Não. Sempre que necessário, os servidores dos ministérios que controlam essas informações em planos mais altos cedem as fichas às organizações espirituais que prestam socorro em planos mais próximos à psicosfera da Terra e que precisam de tais informações. Assim, recebemos autorização para interceder pela jovem.

— Seria pedir muito que eu tivesse acesso à minha própria ficha reencarnatória?

— Posso fazer essa solicitação por você. Seu tempo de adaptação no mundo espiritual já ultrapassou todos os requisitos necessários para alcançar isso. Sua atividade na Casa da Piedade e sua dedicação aos serviços de amor nas enfermarias podem ser ótimas condições para que obtenhamos o acesso ao seu projeto da última reencarnação.

— Fiquei muito curiosa! Nunca havia pensado nisso antes. Enquanto não posso ter acesso à minha ficha, queria saber, por exemplo, se existe uma data certa no planejamento para casar?

— Existem datas aproximadas. No caso de Sabrina, a previsão era em torno de 35 a 40 anos.

— E ela nem chegou ainda nessa idade! Realmente, o atual casamento estava fora dos planos.

— Fora dos planos sim, mas não fora das necessidades de aprendizado, repito.

O livro dos espíritos, entre vários esclarecimentos sobre o tema, nos orienta, na questão 939, que a mais viva afeição entre dois seres pode se transformar em antipatia e mesmo em ódio porque os que acreditam amar intensamente apenas julgam o futuro parceiro pelas aparências e que, ao viverem com as pessoas amadas, não demoram a reconhecer que só experimentaram um encantamento material passageiro.

Esse encantamento material se expressa pela força magnética da atração física, pela carência afetiva, pela solidão que você mesma experimentou com tanto sofrimento, pelo medo, que prevalece no caso de Sabrina, e tantos outros apelos que levam as pessoas a se vincularem umas às outras, tendo experiências amargas ou bem-sucedidas.

Porém, uma das maiores ilusões humanas é acreditar que esse encantamento material e passageiro é amor. Esse tipo de afeição precisa urgentemente de educação e mudança de comportamento nas relações entre as pessoas, a fim de gerar melhores laços e uniões que permitam mais estabilidade afetiva.

Nesta mesma questão, não basta uma pessoa gostar de outra que supõe ter qualidades. Só vivendo com ela é que poderá saber. Isso também acontece em uniões que a princípio parecem que não vão dar certo, mas que acabam dando em função das pessoas se conhecerem e por dedicarem duradouro e terno amor. É o espírito quem ama e não o corpo e esta realidade dissipa a ilusão.

Sobre temas ligados à convivência e ao desenvolvimento do afeto, vários aspectos precisam ser analisados para que nossas vidas e experiências se constituam sempre em aprendizado.

Depois de tão importante troca, deixei que Carminha refletisse um pouco mais. A conversa com ela foi longa e a motivou fazer suas buscas pessoais a respeito de sua ficha de planejamento reencarnatório. Em silêncio buscamos novas atividades.

SEPARAÇÃO E CORDÕES ENERGÉTICOS

7

> "Os encontros, que costumam dar-se, de algumas pessoas e que comumente se atribuem ao acaso, não serão efeito de uma certa relação de simpatia?"
>
> "Entre os seres pensantes há ligação que ainda não conheceis. O magnetismo é o piloto desta ciência, que mais tarde compreendereis melhor."
>
> *O livro dos espíritos*, questão 388.

*P*assaram-se alguns meses do início do tratamento terapêutico e espiritual da jovem Sabrina.

Ela abraçou com responsabilidade sua permanência nos tratamentos espirituais e na terapia com a doutora Sandra.

A cada dia ela conquistava mais equilíbrio, coragem e disposição de mudança. Sua mente já se encontrava mais leve, a sobrecarga havia diminuído acentuadamente e seus sonhos estavam em franca recuperação perante as oportunidades da vida.

Entretanto, como era de se esperar, a situação no casamento piorou. O marido respondia com agressividade à mudança da esposa, o clima do lar permanecia pesado e Sabrina, mais sensível, sofria os choques desse ambiente contaminado, não sabendo mais como proceder. Todas as tentativas de auxiliá-lo ou de manter algum diálogo foram infrutíferas até que um episódio marcou uma nova etapa.

Em um dos muitos momentos de conflito, o marido, sem estar alcoolizado, agrediu-a fisicamente. Um talho no rosto e mais alguns hematomas decorrentes do espancamento ficaram em seus braços e costas. Foi o bastante para que ela reunisse algumas peças de roupa, sua e dos filhos, e mudasse para a casa de dona Mariana, sua mãe. Houve queixa na delegacia e o clima ferveu.

Depois de dois dias na casa de sua mãe, na noite que antecedia à reunião de tratamento, Humberto, seu pai, tomou medidas definitivas para a situação da filha. Levada em desdobramento do corpo durante o sono, naquela madrugada, travou-se o diálogo entre pai e filha:

— Filha querida, Deus lhe proteja.

— Paizinho, me abrace! – e correu como uma criança para os braços de Humberto.

— Estou aqui, minha filha, tranquilize-se, porque a prova está por terminar.

— Ainda bem, não aguento mais. Ser agredida foi demais e não tive alternativa. Temo pelo meu futuro e o de meus filhos ao lado de um homem desses. Que escolha infeliz fiz na minha vida!

— Nós compreendemos, Sabrina, e estou aqui para ajudá-la a concluir essa etapa. Recebemos autorização dos técnicos da Casa da Piedade e de corações queridos que servem ao bem nos campos de trabalhos ligados a Eurípedes Barsanulfo, para lhe prestar um recurso libertador na próxima reunião de tratamento espiritual.

— Preciso muito dessa ajuda, seja ela qual for. Não aguento mais esta situação. Mesmo estando distante ele me persegue, manda mensagens desrespeitosas no celular e ameaça fazer mal às crianças.

— Sabemos disso, fique tranquila. Agora, feche seus olhos, pois vamos lhe aplicar um recurso calmante e mais tarde nos encontraremos durante os tratamentos no SEPAZ.

Ela adormeceu fora do corpo e foi reconduzida à cama por enfermeiros prestimosos.

Ali estavam Humberto, os enfermeiros, Carminha e eu, que fomos até o lar de dona Mariana acompanhar o atendimento. Quando tomávamos as últimas providências de amparo a fim de prosseguirmos em outras tarefas de assistência, ainda naquela madrugada, pudemos conversar um pouco com Humberto, que nos informou:

— Na próxima reunião de tratamento, faremos o desligamento energético de Sabrina com o marido. Recebemos autorização para essa intercessão benéfica em função dos méritos dos quais ela vem sendo merecedora e também pelas necessidades de aprendizado do esposo.

— Estaremos presentes na reunião, Humberto, e vamos cooperar naquilo que for possível. Foi permitida alguma ação de interferência cármica?

— Sim, Pai João. Temos autorização para fazer a desvinculação dos corpos sutis e o asseio de cordões energéticos.

— Que bênção! Jesus proteja a todos nessa iniciativa!

— Assim seja!

A noite das atividades mediúnicas no SEPAZ chegou e em nosso plano de ação o movimento era grande, pois havia muita dor e aflição para serem consoladas.

Sabrina já estava presente, pois havia chegado às 19h30min, um pouco mais cedo, para conversar com a doutora Sandra. E foi a própria Sabrina que solicitou alguns minutos de atenção.

No atendimento fraterno com a doutora Sandra, Sabrina contou do incidente com o marido e, logo que iniciaram os atendimentos mediúnicos, ela foi encaminhada para a maca em que trabalhavam Demétrius e Assunção, que já estavam de máscara e devidamente vestidos para a cirurgia.

Assim que ela se deitou na maca, o médium Demétrius fez alguns movimentos suaves com a cabeça e, sob a inspiração espiritual de Langerton[1], começou a falar:

— Boa noite, irmã!

— Boa noite! – falou Sabrina, timidamente.

— Moça, eu fui médium de cura quando estive na matéria física e sei da dor que você está sentindo. Dói muito, não é mesmo?

— Dói sim, senhor. Não estou aguentando mais.

— Meu nome é Langerton e estou aqui para socorrê-la, em nome de nosso Senhor Jesus.

— Graças sejam feitas! Eu não estou mais suportando tudo isso – falou aos prantos.

— Você está separada fisicamente do esposo, mas o carrega na alma, e este é um peso que você não merece mais carregar.

— Eu me sinto assim mesmo, como se tivesse algo dentro de mim que não me pertence, algo pesado e profundamente desagradável. Preciso colocar essa coisa para fora, mas não sei o que é.

---

[1] Langerton Neves da Cunha – (1929 - 2003) sempre esteve às voltas com as plantas e a mediunidade. Nascido na cidade de Jubaí, no Triângulo Mineiro, foi por lá mesmo que se criou, casou, teve dois filhos e adotou mais onze para completar a família. Suas primeiras manifestações mediúnicas ocorreram aos sete anos. Aos dezoito era médium curador e, a partir de 1959, sob a orientação de Eurípedes Barsanulfo, tornou-se médium receitista fitoterapeuta. Convidado pelo médium Chico Xavier a dar suporte aos trabalhos que realizava aos sábados no Centro Espírita A Prece, em Uberaba, Langerton ali permaneceu durante trinta anos ininterruptos, dedicando-se ao trabalho, sem nunca ter faltado uma única vez.

— Feche seus olhos, moça. Relaxe. Pense em Deus.

O espírito Langerton colocou suas mãos sobre a testa de Sabrina fazendo um corte bem superficial de alto a baixo, abrindo a testa no sentido transversal, como se fosse passada uma pinça em seu perispírito, que estava semiafastado da matéria física. Em seguida, fez um movimento puxando do centro da testa para as laterais, como se abrisse o rasgo. Com esses movimentos, o chacra frontal de Sabrina girava em alta velocidade e emitia uma coloração laranja brilhante.

Repetindo o mesmo movimento, Langerton fez outro corte superficial, da garganta até a altura do abdômen. Imediatamente, substâncias começaram a vazar com cheiro muito forte. Para nós que já estamos habituados com essas limpezas energéticas, a iniciativa não apresentava nenhuma novidade, mas, para Carminha e outros assistentes, verificar o que aconteceu após esse corte foi no mínimo chocante.

Langerton solicitou que Assunção, que estava mediunizada com vó Catarina, encostasse a sua cabeça na cabeça do corpo físico de Sabrina. Bastou esse contato e aquela energia estranha começou a ser expurgada mais intensamente, vazando da testa e do tórax perispiritual da jovem.

No plano físico, quem visse a cena perceberia o médium Demétrius fazendo movimentos fortes sobre o chacra solar da jovem. No campo espiritual, Langerton tocou a mesma região e quebrou o vínculo que mantinha o corpo mental inferior do marido ligado a ela nesse chacra.

Aquela era uma vinculação obsessiva de largo porte que somente seria possível depois de anos de convivência enfermiça nos sombrios lances do desrespeito, da culpa, da possessividade e da desproteção afetiva, na qual se encontram muitas pessoas neste planeta de provas e expiações, em relacionamentos tóxicos e sombrios. O corpo mental do marido foi completamente desligado de Sabrina, e técnicos eficazes providenciaram a sua imediata e cuidadosa remoção do ambiente para reconectá-lo ao seu verdadeiro responsável durante o sono físico. A remoção tinha urgência e, assim que os últimos fios fluídicos foram rompidos no chacra solar do perispírito de Sabrina, ele foi conduzido para reconexão com o corpo físico do jovem homem.

No campo físico, Sabrina experimentava um torpor similar ao da sedação induzida. Estava amolecida e sem controle sobre seu corpo. O restante da cirurgia foi para sutura das partes afetadas no seu perispírito e limpeza energética dos chacras envolvidos. Ao todo, durou quinze minutos o auxílio prestado com a participação de cinco técnicos, além de Langerton incorporado que, após a remoção cirúrgica, sensibilizado pelo êxito, explanou:

— A moça está liberta. O que não lhe pertence foi devolvido ao dono. Seus vínculos cármicos com aquele homem foram alterados para sempre. Agora, sua vida vai mudar.

Sabrina, que recobrava lentamente a lucidez, disse com esforço:

— Deus o ouça, irmão Langerton. Tenho a sensação de que fiz uma cirurgia.

— E fez mesmo. Uma cirurgia para ter a nova vida que você está escolhendo viver. Haverá mudanças bruscas em função de seu merecimento. Aproveite a bênção e não se entregue a novos compromissos no campo da ilusão. Proteja-se da inferioridade e busque aquilo que alimenta seus ideais de enobrecimento. Sua fonte maior de ansiedade foi tratada aqui em níveis de profundidade espiritual com autorização e bênção de Eurípedes Barsanulfo. Use sua caminhada para plantar os frutos do bem e avance para a conquista de sua luz própria.

A moça vai tomar um composto de valeriana com erva-cidreira em forma de chá para auxiliá-la nos próximos dias. Que Deus a proteja em seus caminhos!

As palavras singelas e ditas com infinito amor pelo médium querido do Triângulo Mineiro caíram como bálsamo no coração da jovem.

A tarefa prosseguiu rica de bondade e expansão da misericórdia divina.

Após a reunião, minha acompanhante, Carminha, que se mostrava quieta e um tanto atônita, expressou-se, como fazia habitualmente:

— Pai querido! Estou chocada até agora.

— Com o quê, Carminha?

— Em ver aquela cena. Eu não sei se estou preparada para esse tipo de atividade fora da Casa da Piedade.

— Por que ficou chocada?

— Parto de criança eu já vi aos montes aqui no plano espiritual, mas parto de adulto? Um homem pequeno saindo de dentro de uma mulher. Misericórdia! Carregar uma outra pessoa ou parte dela dentro de você me parece filme de terror!

— Carregamos o que cultivamos, respondemos pelo que buscamos na vida, essa é uma lei universal. Sabrina e o marido construíram vínculos profundos de desamor que se transformaram em uma relação de ódio, algemaram-se um ao outro. O casamento na vida material não une somente corpos físicos, une corpos sutis, une espíritos.

O sentimento de posse é um ninho para o apego e para a prisão emocional. Sabrina tomou posse daquele homem e ele, por sua vez, aprisionou a jovem em suas intenções de domínio. Relacionamentos com tamanha ausência de limites sadios promovem vínculos energéticos venenosos e constroem leis cármicas, que unem as criaturas umas às outras com base em seus conteúdos sombrios e suas atitudes egoístas. E nada do que foi constatado aqui no caso de Sabrina estava em seu planejamento reencarnatório. Era um casamento acidental, mas nem por isso isento da ascendência das leis do carma, que estabelecem "colher o que se plantou".

— Que coisa séria, Pai João!

— E é muito grave, minha filha. Os vínculos energéticos entre os seres serão tema de estudos da ciência no futuro. Doenças diversas atingem o corpo físico em função de conexões dessa ordem entre duas pessoas, ou mesmo entre um grupo de pessoas.

Poucos imaginam que, ao se reunir em grupo para o trabalho profissional, convivendo diariamente em regime de troca de ideias e sentimentos, forma-se nesse ambiente uma teia vibratória por onde circulam os conteúdos emocionais e mentais de uns para os outros, em intercâmbio construtivo ou destrutivo, conforme a natureza moral e espiritual das pessoas que ali se encontram diariamente. A ciência de comunicação no futuro entenderá que a parte astral dos relacionamentos responde por um alto percentual de influência na convivência humana.

— No caso que acabamos de presenciar, podemos usar a expressão "obsessão entre vivos"?

— Podemos, é perfeitamente aplicável. O nome mais técnico é "possessão partilhada", designação que foi usada e parcialmente estudada por André Luiz. Ele diz:

> "Cláudio entrou, mas não vinha só. Um daqueles dois companheiros desencarnados que lhe alteraram a personalidade, justamente o que se abeirara dele, em primeiro lugar, para o trago de uísque, enrodilhava-se-lhe ao corpo.
>
> O verbo enrodilhar-se, na linguagem humana, figura-se o mais adequado à definição daquela ocorrência de possessão partilhada, que se nos apresentava ao exame,

conquanto não exprima, com exatidão, todo o processo de enrolamento fluídico, em que se imantavam. E afirmamos 'possessão partilhada', porque, efetivamente, ali, um aspirava ardentemente aos objetivos desonestos do outro, completando-se, euforicamente, na divisão da responsabilidade em quotas iguais.

Qual acontecera, no instante em que bebiam juntos, forneciam a impressão de dois seres num corpo só.

Em determinados momentos, o obsessor afastava-se do companheiro, à distância de centímetros; contudo, sempre a enlaçá-lo, copiando gestos de felino, interessado em não perder o contato da vítima. Achavam-se, entretanto, irrestritamente conjugados em vinculação recíproca." [2]

O próprio autor espiritual deixa claro que sua expressão a respeito desse caso de possessão por alcoolismo não exprime com exatidão os detalhes pertinentes a esse episódio. Você, Carminha, pôde presenciar com mais profundidade na cirurgia que acabou de ser feita alguns detalhes não apresentados pelo benfeitor André Luiz.

— Possessão partilhada! Que nome!

— Poderíamos dizer que é apenas o apego acentuado pela fixação da paixão desgovernada e terrível inclinação para o domínio.

— Eu pensei nisso, Pai João. Mas achei, na minha ignorância nesses assuntos, que seria uma bobagem.

— Não, não é. Apego que gera posse. Posse que gera medo de perder. Medo de perder que gera a sombra do pessimismo. Pessimismo que gera tormenta mental. E tormenta mental que gera sobrecarga. Como não ter um quadro de ansiedade com tamanha desordem emotiva?

---

[2] *Sexo e destino*, capítulo 8, André Luiz pela psicografia de Chico Xavier, Editora FEB.

À medida que Sabrina, com o auxílio da terapia e dos atendimentos espirituais, vem compreendendo que sua relação é uma fonte de dor e que seu casamento é um efeito infeliz de sua má escolha, ela vem passando por profunda desilusão a respeito de suas crenças e sentimentos.

A maior conquista de uma pessoa que leva a sério essa busca de si mesmo é começar a identificar claramente o que quer e o que não quer perante sua existência. E isso é o que basta para efetuar mudanças consistentes e mudar o rumo de suas provas.

A exaustão e a dor levaram-na a buscar uma luz no fim do túnel de suas vivências sacrificiais. E ela conseguiu. Não sente mais apego em relação ao marido, sente compaixão, algo mais nobre e libertador.

— Que menina sábia e decidida!

— Muito feliz a sua fala. De fato, ela está muito determinada. E isso é fundamental em qualquer processo de melhoria em relacionamentos adoecidos.

— Certo, mas gostaria de mais um esclarecimento. Não entendi porque é necessária uma autorização superior para uma cirurgia desse porte.

— Na vida física não ocorre o mesmo? Algumas cirurgias não precisam de protocolo, autorização e preparo? Aqui funciona da mesma forma, tomando por base, sobretudo, os aspectos da ficha cármica de cada pessoa.

Se uma separação tão brusca fosse trazer algo prejudicial e injusto para Sabrina ou seu marido, certamente uma medida dessas não poderia ser tomada neste momento. Entretanto, por orientações sensatas e bem pensadas previamente, entre Humberto e técnicos da Casa da Piedade, a decisão foi tomada para o bem de todos.

— Poderia me explicar o que a cirurgia tem a ver com a ficha cármica?

— Esse tipo de possessão partilhada é resultado da forma de viver do casal, eles talharam um formato de relação doentia e são responsáveis por isso.

Todas as situações difíceis que criamos geram um carma, uma necessidade de aprendizado. Você age e a vida reage com suas leis. A necessidade de aprendizado é uma consequência, uma colheita que faremos daquilo que plantamos.

Portanto, interferir no carma alheio exige sensatez. Impedir que alguém aprenda algo com a dor pela qual é responsável pode ser uma interferência negativa no carma, principalmente se essa pessoa não conseguir aprender de outra forma.

Sabrina, ao contrário, está rodando seu carma, realizando seu aprendizado, fazendo por merecer uma intercessão justa da misericórdia divina, para que sua experiência se amplie com mais leveza e possa se dedicar com mais intensidade aos seus novos ideais.

— Então, ela agora está integralmente desligada do marido, é isso?

— Não, não é bem isso.

O desligamento de corpos sutis facilita uma mudança na rota cármica. Ela terá mais leveza e ele também será chamado à nova caminhada em diferentes direções. O marido, por conta desse desligamento, passará, inevitavelmente, por um quadro de enfermidade já prevista pelos técnicos espirituais, e Sabrina já tem seu novo mapa de destino traçado.

Seguirão rotas diferentes; no entanto, ainda estarão ligados nas leis universais que sempre mantêm unidos na eternidade todos aqueles que um dia se amaram.

— Pobre coitado! Ele é tão ruim assim que só tem doença como merecimento? Nada será feito por ele? O senhor não disse que, se essa intercessão no carma fosse nociva, ela não teria sido feita?

— Não se trata de ruindade ou bondade, mas de justiça. Enquanto seu corpo mental inferior estava alojado nas entranhas astrais de Sabrina, havia um processo de vampirismo de forças que o mantinha relativamente saudável, apesar dos abusos progressivos no alcoolismo e em outros vícios.

Agora, com a desvinculação, ficará a mercê de suas próprias forças diante dos excessos. Ele está sendo entregue a si mesmo, ao que está buscando com suas próprias atitudes. Seu balão de oxigênio, que era sua vinculação parasitária às energias de Sabrina, vai ser desligado. O fígado vai gritar e a cirrose hepática é iminente.

Entretanto, mesmo sendo alguém com atitudes irresponsáveis, providências de amparo e cuidado estão sendo tomadas em seu favor. A doença, no caso dele, não será nociva como se pode pensar, podendo, ao contrário, acordá-lo para novas realidades.

— Recordo-me que, em nossa última ação de amparo, notei os olhos dele muito amarelados. Que Deus o proteja!

— Não faltará amparo. Não existem privilégios de um em prejuízo do outro. O amor não exclui a justiça, assim como a justiça não dispensa o amor. Todas essas ocorrências são frutos da plantação individual.

— E o senhor poderia me esclarecer melhor como será essa ligação que ainda os manterá unidos na eternidade?

— Essa ligação se dá pelos chamados cordões energéticos, Carminha. Os corpos sutis foram separados, mas os cordões são fios tênues que manterão laços entre ambos e, mesmo distantes, um ainda vai continuar interagindo com o outro. Não existe divórcio espiritual, separação. Relacionamentos não se extinguem energeticamente, se transformam.

Quem um dia desenvolveu afeto em alguma relação, construiu laços indestrutíveis que podem ser uma luz de amorosidade ou uma algema de dor, conforme os rumos que tomem esse relacionamento no suceder do tempo.

A separação energética de casais é algo que deveria ser considerado em todas as instâncias da saúde humana. Quadros graves de doenças são explicáveis pela existência dos cordões energéticos. O episódio envolvendo Sabrina tinha como principal componente de sua ansiedade esse vínculo em níveis de gravidade acentuada.

Nos dias atuais, a sobrecarga mental entre casais em uma convivência perturbada forma, nos ambientes astrais por eles desenvolvidos, uma aura pardacenta e repleta de microrganismos nocivos. Sabrina era também responsável pelo ambiente de seu lar e, na condição de médium saneadora, foi a que mais sofreu com essas fortes influências em sua aura, em seu duplo etérico e em sua vida mental.

A mudança para a residência de sua mãe foi uma medida muito oportuna para sua imunização. Há casais que se separam e aquele membro que fica no lar, em muitos casos, sofre interferências ostensivas em seu equilíbrio por conta dos chamados endereços vibratórios dos objetos e bens que ficam na casa e pertencem ao cônjuge que saiu.

— Pai João de Deus! Que endereços vibratórios são esses? Conheci um pouquinho desse assunto nas questões de magia, mas entre casais, como é isso?

— Os objetos utilizados na vida a dois e também os pessoais se tornam endereços vibratórios. A cama do casal, por exemplo, é um endereço vibratório potente. Além das questões energéticas, eles são uma ampla fonte de lembranças. E, como endereço vibratório de energias, podem manter os cônjuges conectados, mesmo estando distantes.

Já atendemos alguns casos de vinculações infelizes decorrentes desses elos energéticos, embora isso não aconteça com todos os casais separados. Fizemos um atendimento no qual a mulher, ao deitar na cama, usava o travesseiro do ex-marido e permanecia em lances mentais de profundo abatimento, acalentando, com isso, o endereço vibratório que trazia o marido, em desdobramento pelo sono, para o ambiente do próprio lar.

— Creio em Deus Pai! Que trágico!

— É trágico sim, mas é real.

— Ah, Pai João! Cada vez me sinto mais despreparada para ouvir essas coisas, parece até um filme de terror ou sei lá o quê!

— Não há nada de terror, Carminha. São leis naturais às quais todos nos encontramos submetidos.

Vejamos outro exemplo. É muito comum uma mãe sentir com facilidade o que um filho está sentindo, mesmo que ele esteja distante dela. O elo que mantém essa conexão entre pessoas que se amam são os cordões energéticos.

Quando esses cordões são luminosos, eles são constituídos por alegria, respeito, bondade, afeto, amor e outros sentimentos elevados. Quando esses cordões são tóxicos, o que os constitui são a mágoa, a avareza, o interesse pessoal, a desonestidade, o ódio, a vingança e outros sentimentos doentios.

Os cordões tóxicos são prejudiciais à saúde física, psíquica e energética. O casal fica ligado de um modo destrutivo. E não é somente na vida conjugal que isso acontece, essa vinculação de forma negativa ocorre também em outros níveis de relacionamentos, como no grupo de trabalho, nos centros espíritas, nos núcleos familiares e sociais.

Não carregar em sua aura o que pertence ao outro é uma medida de saúde sem precedentes. Entretanto, grande parcela das ligações humanas é tecida por forças sombrias e pesadas.

Sabrina acreditava amar o marido. Com pouco mais de dez anos juntos, chegaram ao ponto de ter uma vinculação mais estreita de seus corpos mentais inferiores. Nesse nível de obsessão compartilhada, como denomina André Luiz, esse quadro enfermiço só foi possível devido ao fato de os cordões serem, pouco a pouco, saturados e carregados por energias de teor escravizante.

— Quer dizer que Sabrina tem um nível mais grave de cordões energéticos, seria isso?

— De alguma forma sim. Os cordões foram os alicerces que permitiram a simbiose de corpos sutis.

— E poderia acontecer o contrário, o marido carregar o corpo mental dela?

— O que determina isso é a natureza da postura moral e emocional dentro da relação. Ele é um homem inseguro e controlador, e esse é um dos principais traços que estabelecem o deslocamento ou a fragmentação de corpos mentais inferiores. É como se ele, em função dessas enfermidades emocionais, constituísse um vigia, nesse caso o corpo mental inferior, para seguir e tomar conta da esposa.

— Meu Jesus Cristinho! Tenha piedade! Uma pessoa carregando uma parte de outra.

— Carregamos somente aquilo que buscamos. A jovem também cultivou um pensamento e uma emoção para catalisar e acatar com espontânea adesão o que veio do marido. O medo, nesse caso, é uma das principais portas de acesso para influência de corpos mentais alheios. Nessa simbiose de forças, ele a controlava, e ela se sentia protegida.

Quando ela começou um processo de desilusão e autoamor, tudo começou a mudar. Sua coragem em enfrentar seus medos e não aceitar mais as migalhas de atenção do esposo criaram condições para as medidas dessa noite.

— E esse desligamento do corpo mental inferior poderia acontecer naturalmente sem ação dos médiuns e de Langerton?

— Sim, mas levaria um tempo similar a dez anos, ou seja, o tempo que gastou para que tal circunstância se desenvolvesse.

— E se um casal viver numa situação como essa por quarenta anos e depois se separar, vai ter tempo para ocorrer tal desvinculação?

— Pode ser que não. Nesse caso, só a próxima reencarnação para resolver.

— E se Sabrina tivesse essa idade, levaria consigo o corpo mental inferior do marido, após desencarnar?

— Poderia levar sim, mas fora da matéria física as condições de desligamento são mais fáceis e o mental inferior seria imediatamente devolvido a ele. Permaneceria entre ambos os cordões energéticos e, por meio deles, um atrairia o outro para perto de si, determinando os chamados reencontros.

— Ai, Pai João, tenho mais umas mil perguntas, mas vou pedir sua ajuda, pelo amor de Deus, não me deixe fazer mais nenhuma. Preciso primeiro desembolar uns quinhentos nós na minha cabeça.

— Tudo bem, Carminha, prossigamos com nossas atividades.

No dia imediato ao atendimento espiritual, bem-sucedido, Sabrina encontrava-se extasiada, mas nitidamente liberta de um peso que não sabia explicar qual era.

E como as experiências não cessam na vida, principalmente para quem se abre para aprender, um novo episódio se desenrolou. Logo cedo recebeu a notícia de que seus tios Liana e Osório, espíritas dedicados, fariam uma visita à sua mãe para conversar sobre os recentes lances de dificuldade enfrentados por Mariana com a separação da filha. Solicitaram que

Sabrina estivesse presente, pois tinham algo a dizer para ela. Sabrina foi para a casa de sua mãe e, por volta da hora do almoço, eles chegaram e, após os cumprimentos iniciais, foram direto ao assunto:

— Sabrina, minha sobrinha, Liana e eu ficamos sabendo de sua separação e recebemos o pedido de sua mãe para as orações. Estamos aqui, na verdade, para lhe fazer um alerta. Médiuns da nossa casa espírita viram situações muito complicadas envolvendo-a.

Bastou essa frase para que a jovem sentisse uma dor no coração. Ficou fria e tensa. E o tio continuou:

— Vocês duas estão sendo vítimas de uma obsessão ao participarem daquele grupo SEPAZ. Várias pessoas já sabem que aquele médium Demétrius é uma pessoa perturbada e de intenções ruins. Os grupos de nossa cidade receberam recentemente um comunicado das lideranças que organizam o movimento espírita para orientarem a todos no que diz respeito aos perigos desse grupo.

Aquela casa está tomada pelas trevas que querem humilhar o Espiritismo. Tem até uma médica, uma tal de doutora Sandra, que mistura tudo, e ainda por cima realiza um trabalho profissional dentro do centro. Lá existe muito desequilíbrio e vocês precisam esquecer todas as orientações que receberam e se afastarem daquela casa, do contrário seu casamento, Sabrina, jamais irá se estabilizar.

Estão compreendendo?

— Meu irmão, de onde você tirou essas ideias? – respondeu dona Mariana. Minha filha está sendo muito bem cuidada. Doutora Sandra é um amor de pessoa, Demétrius é uma pessoa muito humana e um bom médium. Que história é essa? Sabrina está feliz, como vocês podem ver, e o casamento dela não tinha mais jeito de dar certo. Sinceramente, surpreendo-me com seus comentários.

Liana, sua cunhada, que se encontrava calada, expressou:

— A felicidade não é deste mundo, dona Mariana. Sabrina abandona o marido agora e vai ter de encontrá-lo novamente no futuro, em outra vida, e pagar dívidas do passado. A separação conjugal é uma fuga das provas. Mesmo quando o casal sofre, é importante que estejam juntos e vençam essas dores. Ela está do lado da pessoa certa para evoluir.

— Desculpem minha sinceridade, mas, se vocês vieram aqui para encher a cabeça da minha filha de mais culpa e dor, eu agradeço a visita e quero dizer que nós estamos precisando de consolo e estímulo, não de mais amargura e prisão. Essas colocações de vocês são muito duras e constrangedoras.

Sabrina, que ouvia surpresa as colocações, resolveu falar também:

— Meu tio, o senhor é feliz no casamento? Responda-me sinceramente.

— Tenho minhas provas, né, sobrinha.

— Provas?

— Sim, qual casal não tem provas a superar, não é mesmo?

— Então o senhor estaria me dizendo que não é feliz?

— Estamos passando nossos momentos provacionais, não é essa a finalidade de um casamento?

— E, na sua concepção, um casamento serve apenas para "superar provas"?

— Todo casamento tem um planejamento no mundo dos espíritos e temos que cumprir nossa prova.

— O senhor então não admite que alguém possa se ligar pelos laços do casamento a outra pessoa de uma forma que não seja com provas difíceis estabelecidas por um planejamento?

— Claro que não, sobrinha. Temos guias que cuidam disso e todo planejamento é o melhor em nosso favor. Compete-nos obedecer e seguir o que foi organizado para nossa vida.

— O senhor desculpe a minha franqueza, mas, assim como minha mãe, eu queria lhe dizer o que penso. Esse Espiritismo que o senhor acredita não é o meu. Não sou um robô que vive de um planejamento rígido, que estabelece o que devo ou não viver. Essa versão de casamento cheio de culpa só faz as pessoas sofrerem sem crescimento pessoal.

Essa rigidez e sua falta de caridade ao se referir aos trabalhos do SEPAZ, à doutora Sandra e ao médium Demétrius retira totalmente a autoridade das suas palavras. Lá todos têm me ajudado muito e, depois das atividades libertadoras de ontem, que enriqueceram minha alma de renovação e esperanças, ouvir suas palavras é como tomar um choque.

Não posso nem consigo aceitar sua versão engessada e sem um pingo de caridade.

— Você deveria me ouvir, afinal de contas, tenho décadas de vivência na doutrina.

— Suas décadas de doutrina, meu tio, parecem não ter sido suficiente para que o senhor, pelo menos, tenha respeito com os trabalhos alheios. Fique com sua visão de vida, se isso serve à sua existência. Perdoe-me a clareza, mas eu sigo meu caminho em paz e não necessito de seus comentários. Fiz um pacto de amor comigo mesma e não estou mais disposta a viver com tanta falta de sensibilidade e regras que só fazem a gente sofrer.

— Que pena! Nota-se que você está muito atrevida e isso é um claro sinal de obsessão.

— Chega, tio. Não quero ouvir mais nada. Mãe, desculpe-me, mas vou sair da sala. Não suporto tanto desrespeito.

Assim que a jovem saiu para o quarto, Osório ainda insistiu:

— Viu só, Mariana, como ela está mal? Isso é um sinal claro da obsessão em que se encontra.

— Osório, conheço minha filha e sei das lutas que ela vem enfrentando. Se você acha que ela está obsidiada, então ore por ela, mas lhe peço, com muito respeito, que encerremos este assunto por aqui. Estamos precisando de conforto e acolhimento e, se o que você tem para nos dar é reprimenda e acusação, leve de volta.

O clima ficou tenso e o casal se retirou. Mariana foi ver como Sabrina estava e, chegando ao quarto, encontrou-a aos prantos e ela só se acalmou com os carinhos da mãe. O episódio iria passar. Durante todo o tempo em que Sabrina esteve casada, seus tios nunca fizeram uma visita em seu lar, nunca lhe ofereceram a mão nos momentos mais tormentosos. Entretanto, é esse o destino de quem assume o compromisso com a verdade.

É sempre assim. Quando alguém decide acender a luz, nada mais em volta continua do mesmo jeito. Tudo aquilo que está estagnado na ilusão é remexido. É como uma teia vibratória que é sacudida, provocando drásticas mudanças. Sabrina estava forte e lúcida em seus conceitos e, mesmo sendo abalada com a visita, manteve-se a firme.

Qualquer objetivo nobre se encontrará face a face com essas reações imprevistas e originadas das mais inesperadas pessoas. Ação e reação. Quem deseja melhora, não espere facilidades. Fazer luz na teia sombria da existência exige coragem, persistência e decisão.

No mesmo dia, algumas horas após a visita dos tios, chegava até Sabrina a notícia de que o marido havia sido internado às pressas, com graves problemas de saúde. Os familiares dele tomaram conta de tudo sem envolver a jovem e seus filhos. Mais alguns dias passados, ele, em melhores condições, saiu do hospital e foi diretamente para o interior morar com os pais, separando-se em definitivo dos filhos e de Sabrina.

Tudo caminhava para um desfecho, um fechamento de ciclos na vida da jovem. É nessa teia de energias de hoje e do ontem que nos movimentamos e crescemos.

Em meio a estas reflexões, veio-me à mente as orientações dadas a Kardec e que eram muito apropriadas ao caso de Sabrina, em que os guias da luz esclarecem que os encontros de algumas pessoas, atribuídos comumente ao acaso, muitas vezes não o são, e sim reencontros realizados sob a influência do magnetismo.

As causas mais profundas que estão presentes nas ligações entre os seres serão alvo da ciência. A força do pensamento e o estudo da estrutura molecular das emoções será mensurado pelas estatísticas de avançada tecnologia. Os encontros entre pessoas obedecem a leis ainda não estudadas com a merecida compreensão. Fragmentação de corpos sutis, chacras, cordões energéticos, afinidade entre almas, planejamentos reencarnatórios, escolha das provas, objetivos espirituais do casamento, aspectos astrais dos relacionamentos interrompidos, entre outros temas afins, podem ser fundamentados e mais bem compreendidos quando se estuda o magnetismo.

Um casamento acidental trouxe consequências que poderiam ser ainda mais graves e prejudiciais ao casal. É de se imaginar o que pode acontecer quando se trata de casamentos provacionais, cujos ascendentes espirituais ultrapassam a vida presente.

Com pouco mais de uma década de convivência, Sabrina e o marido, em função da construção moral que edificaram para seu relacionamento, chegaram a níveis muito enfermiços de vinculação afetiva. Sem quaisquer generalizações, não podemos afirmar que todos os casos semelhantes caminhem para a mesma direção a ponto de se transformarem em uma possessão partilhada entre encarnados.

As experiências da jovem médium prosseguiam. Na semana seguinte, nas atividades de atendimento espiritual do SEPAZ, ao entrar para continuar seu tratamento, Sabrina foi surpreendida por vó Catarina, que, incorporada na médium Assunção, se manifestou:

— *Sô* Humberto, pai da *fia Sabrinia*, vai *levá a fia* pra *trabaiá fora* da matéria na Casa da Piedade, e mãe Modesta quer que a *fia trabaia* aqui nessa casa de amor.

A vozinha querida, preta velha amada no SEPAZ, chamou Demétrius, e, pegando nas mãos do médium, disse:

— *Fio*, já sabe o que *fazê*, né, *fio*?

— Sei sim, minha velha querida. Assunção e eu já tínhamos decidido. Vamos colocar a Sabrina nas nossas atividades a partir de hoje.

— Entendeu isso, *fia Sabrinia*?

— Eu irei trabalhar?

— Sim, *muzanfia*. Nada de deitar mais na maca. A *fia* agora vai é ajudar quem *deitá* na maca – disse vó Catarina, dando uma boa risada de alegria com Sabrina.

A vida segue. Aproximadamente um ano depois do episódio envolvendo Sabrina no banco, sua existência estava quase toda alterada.

Arrumou emprego, separou-se, ingressou nas atividades mediúnicas e consolidou um novo trajeto de vida. Novas escolhas, novos caminhos e novas experiências...

Sua vida emocional dava nítidos e consistentes sinais de recuperação. O processo de vampirizarão energética que Sabrina sofria era um dos componentes mais determinantes de seu quadro de ansiedade e foi abrandado quase totalmente, principalmente após a desvinculação dos corpos sutis.

Parar de carregar pesos desnecessários, sem dúvida, é um dos aprendizados mais urgentes na humanidade. O estilo de vida consumista e ganancioso, a ausência do cultivo da simplicidade, a tormenta das preocupações excessivas e do controle nas relações são algumas das fontes que tornam a vida de qualquer pessoa mais complicada.

MEDIUNIDADE SANEADORA E DESDOBRAMENTO PELO SONO

> "Pode a atividade do Espírito, durante o repouso, ou o sono corporal, fatigar o corpo?"
>
> "Pode, pois que o Espírito se acha preso ao corpo qual balão cativo ao poste. Assim como as sacudiduras do balão abalam o poste, a atividade do Espírito reage sobre o corpo e pode fatigá-lo."
>
> *O livro dos espíritos, questão 412.*

Já passavam alguns minutos das dezessete horas. Meu destino naquela tarde era fazer o plantão na Casa da Piedade. Andando pela avenida dos Andradas, observava, de um lado, a mata nativa dentro do parque e, de outro, o ribeirão Arrudas.[1]

Quando me aproximei do portal de entrada, situado quase em frente à Serraria Souza Pinto, fiz automaticamente a mudança mental vibratória deslocando minhas percepções das faixas mais próximas ao plano físico para a dimensão astral onde se encontrava instalada a Casa da Piedade.

Logo que entrei, percebi que essa casa é um posto de socorro de urgência, uma autêntica enfermaria aberta para a rua. Ali eram recebidos aqueles que vagavam pelo mundo espiritual sem muita orientação e rumo, pois as mais diversas e infelizes ocorrências se apresentavam naquele lugar. A equipe de defesa era reforçada.

---

[1] Todas as referências urbanas descritas referem-se à cidade de Belo Horizonte, perto do Parque Municipal, onde no astral dessa região se localiza a Casa da Piedade. Mais informações no livro *Abraço de Pai João*, Editora Dufaux. (N.E.)

Peguei o elevador e subi direto ao Posto de Internação, que tem a sua entrada pela avenida Afonso Pena, nas imediações do maravilhoso teatro Francisco Nunes, alguns níveis acima da entrada que eu tinha acabado de usar na rua de trás.

As enfermarias estavam cheias, com muitos pacientes em estado de muito sofrimento, e a assistência era intensa.

Carminha, a devotada enfermeira que sempre selecionava os casos para minha assistência mais direta, recebeu-me com alegria.

— Querido pai João, que bom que chegou!

— Carminha, minha filha, Jesus a proteja!

— Que assim seja, meu pai! Nem preciso repetir, não é mesmo? O serviço está intenso!

— Agradeçamos a Deus pela bênção do trabalho.

— Eu agradeço, pai. Eu agradeço. Parece que, quanto mais me envolvo no serviço, mais forte e mais em paz eu me encontro.

— Servir por amor alimenta. Por onde começamos?

— Gostaria que o senhor verificasse o leito 133. Venha comigo!

No leito referido, estava um jovem com aproximadamente 24 anos de idade. Feridas enormes estavam espalhadas por seu perispírito. Elas purgavam uma matéria consistente de cor marrom avermelhada. Era a matéria da culpa. Ao olhar para aquele rapaz, senti um aperto enorme no coração e dores pelo corpo.

— Esse é Silvinho e ele está internado no Hospital João XXIII[2], com edemas enormes em várias partes do corpo que estouraram na pele e soltam intensa dose de pus. Foi internado em estado grave hoje pela manhã, depois de uma suposta convulsão e muita dor na cabeça.

---

[2] O perispírito do jovem Silvinho, em desdobramento, está em tratamento na enfermaria da Casa da Piedade, onde se encontravam Pai João e Carminha. Seu corpo físico está internado no Hospital de Pronto-Socorro João XXIII. (N.E.)

— Qual o diagnóstico, Carminha?

— Os médicos do pronto-socorro ainda não conseguiram fechar o diagnóstico. Foram feitos inúmeros exames de sangue. Ele está com febre altíssima e dores torturantes.

— Meu Deus! E quem está cuidando do caso aqui em nosso plano?

— Doutor Inácio Ferreira.

— Será que podemos fazer contato com ele agora?

— Ele está vindo para cá com sua equipe, voltando do pronto-socorro onde estava prestando cuidados ao corpo físico do jovem.

— Quando ele chegar me comunique, por favor. Vamos aguardar por mais informações para ver como podemos ajudar.

— Enquanto isso, podemos contar com sua ajuda em outro caso?

— Claro, minha filha!

Fomos passando de leito em leito. Deixando um aperto de mão, um abraço, um aceno e um chamego. Eram muitas as dores que ali se estendiam e atendíamos a necessitados dos dois planos da vida. Encarnados que nos procuram durante os processos de desdobramento e desencarnados que recebiam a primeira assistência espiritual após o desencarne eram confortados e esclarecidos.

Ninguém está desemparado, esta é a lei que rege os planos mais próximos à Terra na vida espiritual: bondade e misericórdia para todos, independentemente do que fizeram ou de como aqui chegaram.

Caminhamos em direção ao leito 164, e uma senhora estava deitada em estado de catatonia,[3] em completa rigidez e alheamento

---

[3] Forma de esquizofrenia que apresenta uma alternância entre períodos de passividade e de negativismo, e períodos de súbita excitação. (cf. *Dicionário Houaiss*)

mental. Sua postura não deixava de ser aterrorizante, pois estava com as mãos cerradas e os braços cruzados sobre o peito, seu rosto imóvel parecia congelado em uma expressão de ódio. Não havia movimento ocular nem labial, e a cor de sua pele era acinzentada. Não seria falta de caridade compará-la a um cadáver ou manequim. Assustava aos menos preparados, por isso seu biombo estava fechado, isolando-a dos demais pacientes. Trajava um vestido preto com rendas. Seu odor não era agradável, expelia gases pelos poros, perfeitamente perceptíveis aos nossos olhares. Enfermeiros atentos tomavam providências indicadas pelos médicos de plantão. Em estado de completa inconsciência, ela recebia os primeiros cuidados. Carminha informou:

— Essa mulher definhou na amargura da vida e morreu faz algumas horas. Seu caso foi acompanhado por alguns assistentes da Casa da Piedade. Parentes em nosso plano de vida e vinculados a ela pediram socorro para seus últimos dias na experiência física.

— Pobrezinha, Deus a proteja em sua dor. Doença mental não é, Carminha?

— Sim, meu pai. Esquizofrenia.

— E a causa da morte?

— Um aneurisma cerebral a levou ao óbito. Seu nome é Anita, mulher de família rica. Foi internada em um sanatório e praticamente abandonada pela família. Está também aos cuidados do doutor Inácio. Ele já deixou recomendações de auxílio mediúnico para ela e solicitou que verificasse com o senhor a disponibilidade para amanhã à noite na reunião do centro espírita.

— Tomaremos as providências, Carminha. Mais ao anoitecer, receberemos a visita do médium Demétrius e de Sabrina em nosso plano, para fazer doação de ectoplasma, e vamos acertar os detalhes do atendimento no planejamento da reunião mediúnica da SEPAZ.

Passados alguns minutos das visitas, já chegando ao anoitecer, recebemos a notícia de que o doutor Inácio havia retornado ao ambiente da Casa da Piedade e procurava por nós. Carminha e eu fomos encontrá-lo.

— Doutor, paz ao seu coração!

— Pai João, meu velho, tenha uma ótima noite!

— O doutor está muito ocupado no momento?

— Só ando ocupado Pai João, e estou quase querendo voltar para o corpo físico. Lá, pelo menos, tinha tempo para um cigarrinho e uma boa dose de conversa. Aqui está quase impossível fazer algo mais do que trabalhar.

— Deus que nos guarde no trabalho, doutor. Assim não temos tanto tempo para ser atormentados pela nossa sombra.

— Saber disso é o que me alivia. Se tivesse muito tempo livre, ia me tornar um fofoqueiro do além ou algo do gênero. Ninguém me suportaria – disse doutor Inácio que sempre nos fazia rir e nos descontraía com suas tiradas.

— O senhor pode nos dar informações sobre o jovem Silvinho?

— O caso está praticamente encerrado. Os edemas e as feridas no corpo não são tão singelos, mas percebi que são frutos de um parasita perigoso que está confundindo os médicos do pronto-socorro nos exames de rotina. Quando tiverem os resultados da tomografia da cabeça, vão constatar a tumoração no cérebro, que está com um edema em fase inicial, ainda não perceptível.

— O senhor teve informações de precisão sobre o planejamento reencarnatório do jovem?

— Sim, já descobrimos por meio de alguns amigos que o tutelam os detalhes do acontecido. Silvinho foi um pistoleiro de encomenda em outra vida, matava por dinheiro.

As feridas têm sua origem nas impressões danosas que ele próprio causou ao seu perispírito, pelo sentimento de culpa, e correspondem exatamente às lesões que ele causou aos outros com os tiros do seu revólver.

Os seus tutores estão, de alguma forma, esperançosos. A vida do jovem foi dura e desde o berço ele apresentou estranhas feridas pela epiderme. É um trabalho árduo de resgate, organizado por parte de almas abnegadas que nos solicitaram manter o perispírito do rapaz em atendimento na Casa da Piedade até o desencarne, que não vai demorar. Possivelmente terá um quadro de septicemia generalizada. Depois, eles mesmos vão continuar cuidando do caso.

— O senhor propõe alguma medida útil que possa ajudar?

— Temos algum médium em condições de realizar uma operação de expurgo nas próximas vinte e quatro horas?

— Posso tentar planejar isso, doutor. Teríamos como deslocar o jovem daqui da casa para o centro espírita?

— Não é conveniente. Seria desejável que o médium prestasse o auxílio aqui mesmo na sala de cirurgia, que é o local apropriado.

— Mais tarde estarei com Demétrius e outros servidores. Dou uma resposta ao senhor até a madrugada e, caso consiga obter esse recurso, já tomo as providências de solicitação da sala cirúrgica.

Entre várias medidas naquela noite, os casos de Silvinho e Anita dependiam da colaboração mediúnica dos encarnados. O ectoplasma e a energia anímica do corpo físico são medicações de incomparável valor terapêutico na vida espiritual.

Passava das duas horas da madrugada, quando Demétrius e Sabrina chegaram ao centro de doação de ectoplasma da Casa da Piedade. Foram direto para o setor de coleta. Ao se deitarem nas macas, tiveram tubos coletores ligados a seus chacras solares e na sola dos pés. Carminha, alguns técnicos e eu chegamos em visita. Naquele setor de coleta sempre compareciam cerca de uns cem doadores fixos, todas as noites, para cederem generosamente suas valiosas energias físicas. Fui logo saudando os companheiros:

— Boa noite, Sabrina e Demétrius!

— Pai João, Deus o proteja! – respondeu o médium.

— Meu pai velho, que Jesus nos guarde no trabalho! – falou timidamente a jovem Sabrina.

— É uma bênção vê-los junto a essas dezenas de médiuns em serviço no bem.

Estamos aqui a pedido de doutor Inácio, pois temos dois casos de urgência e bem graves necessitando da colaboração de vocês. Por essa razão, queremos consultá-los sobre a possibilidade de reduzirem a doação ao nosso banco de ectoplasma, para disponibilizarem a esses dois sofridos pacientes uma maior quota. Podemos contar com vocês?

Os dois médiuns aceitaram com alegria e disposição de servir. Imediatamente, foram transferidos ainda deitados nas mesmas macas para a sala de cirurgia.

Lá estavam Silvinho e Anita preparados para a ajuda médica a qual seriam submetidos. Parentes, amigos e técnicos que acompanhavam os dois casos estavam prontos para as iniciativas.

O doutor Inácio tomou as providências para que Sabrina fosse colocada ao lado de Silvinho, enquanto Demétrius ficou bem próximo de Anita.

Primeiramente, foi feita uma conexão entre o perispírito da médium e o de Silvinho. Após alguns movimentos apométricos realizados pelos nossos técnicos sobre o chacra solar de Sabrina, ela começou a aspirar farta dose de material deletério, em função da sua qualidade saneadora. Silvinho, que até então estava imóvel, começou a se remexer como se sentisse dores intensas. Podíamos ouvir seus gemidos contidos, até que ele foi se acalmando e pareceu dormir profunda e calmamente. Os locais em que se apresentavam as feridas cheias de pus estavam secos e cicatrizados. Em seguida, ele foi levado para uma sala completamente vedada por um vidro especial, ao lado da sala cirúrgica.

Sabrina parecia estar quieta, em estado de sono até que, de repente, entrou em crise convulsiva e delirante. Prontamente os técnicos fizeram a limpeza daquele material tóxico, que foi recolhido em tubos para análise e uso nas dependências dos laboratórios. Seus olhos estavam virados para cima e ela se mantinha em uma rigidez impressionante, parecia mesmo que havia se transformado em uma pedra. Depois de alguns minutos, saindo daquele estado, ela começou a falar:

— Se me pagarem eu faço o serviço. Já matei mais de mil, quero acabar com mais mil.

Ela falava alto e com uma voz que não era a sua. Ao ser pronunciada, aquela frase estava carregada de uma sonoridade estranha, que feria os ouvidos e a alma. Rapidamente, um dos técnicos interviu no perispírito da médium impedindo-a de falar, deixando claro a inconveniência em dar continuidade àquela expressão de palavras carregadas de intenso ódio e que traziam uma magia destrutiva de alto teor em sua forma.

Pouco a pouco a jovem foi recobrando seu estado e foi levada imediatamente para a sala de esterilização. Ela seria conduzida à sua residência, onde ficaria sob vigilância de assistentes da saúde até o seu despertar.

Em seguida, passamos a atuar no caso de Anita. A cabeça de Demétrius foi praticamente encostada na da recém-desencarnada. Nossos técnicos aplicaram duas injeções nas têmporas da mulher, uma em cada lado da cabeça, entre o olho e a orelha. Sob a orientação de um médico, Demétrius fez um pequeno deslocamento de seu corpo mental inferior, somente na altura da cabeça, entrando na mente de Anita. Podia-se perceber claramente que ele realizava movimentos leves, para cima e para baixo, em um deslocamento de apenas alguns centímetros, e passava a sua cabeça por dentro da de Anita.

O objetivo era quebrar a cristalização mental da mulher que estava presa em lembranças de outros tempos. Depois de alguns minutos, o médium começou a falar:

— Não sirvo para ninguém. Sou uma mãe inútil. Ninguém me ama. Ninguém precisa de mim. Não quero viver mais. Só preciso da companhia da morte. Morte, que a morte me alcance. Sou falida, não sou nada. Nem Deus me quer.

O lamento de Anita inspirava profunda piedade. As pequenas frases que ouvíamos eram ditas com tanta dor que cortavam nosso coração. Parentes queridos do seu coração tiveram autorização para afagar sua cabeça em gesto de muito carinho e amor.

Quanto mais ela falava, mais aumentava a velocidade daquele deslocamento do médium. Parecia mesmo o movimento de uma bolinha de pingue-pongue sendo batida de baixo para cima várias vezes. Até que o movimento cessou, e também a manifestação amargurada de Anita por meio de Demétrius.

O médium parecia inconsciente e foi afastado vibratoriamente da senhora. Ela também foi levada à outra ala da Casa da Piedade, já que não poderia mais ficar na enfermaria. Pelos prognósticos, acordaria após algumas horas e reconheceria os parentes queridos que a acolheriam.

Foi um serviço rápido e eficaz. Um espírito como ela que caísse nos fossos do umbral ou outras regiões astrais inferiores poderia permanecer assim por anos a fio. Esse estado de cristalização, no entanto, não era resultado de maldade ou condutas desequilibradas de Anita. Era um quadro de mágoa com a vida. Ela era uma mulher que não conseguiu superar a prova da ingratidão dos laços de família. Foi um coração generoso, abandonado pela indiferença e loucura materialista dos filhos e do marido.

Não é possível reproduzir para o mundo físico, com a riqueza de detalhes dos acontecimentos, a delicadeza desses serviços noturnos. Momentos como esses podem mudar radicalmente a realidade de quem é beneficiado. Foi o que aconteceu. Silvinho estava resguardado na sala de vidro com seus corpos sutis asseados, e o seu desencarne era uma questão de horas, mas todo o contingente de matéria tóxica e venenosa foi direcionado para o corpo físico no Pronto-Socorro João XXIII. Seus corpos sutis não teriam mais a função de expurgar aquela energia. Ali cessava o seu carma. A dor experimentada por muitos anos com a doença já havia alcançado o rapaz nas profundezas de sua alma. Uma nova reencarnação seria agora talhada pelos seus tutores para que ele pudesse levar vida a todos aqueles de quem as tirou. Era um projeto de renascimento com vistas ao seu futuro. Na ausência dessas medidas de amparo e correção, ele também poderia vagar pelas zonas purgatoriais por longo tempo até conseguir se desonerar dos pesados ônus energéticos produzidos pela sua doença.

Silvinho passou uma vida inteira com fortes deturpações no ritmo vibratório de seu chacra solar, aberto completamente para absorver os impactos das energias de qualquer lugar e qualquer pessoa. Essa foi a base energética para que um parasita astral encontrasse, em seu corpo físico, as condições de proliferação e contágio, possibilitando que, futuramente, viesse a se fixar no campo da matéria.

Anita foi uma enferma da revolta, padecendo inicialmente com severa depressão e, posteriormente, um quadro dissociativo de esquizofrenia. Seus chacras coronário e frontal estavam desorganizados há anos em rotação produtora de loucura.

A presença marcante e decisiva de médiuns saneadores encarnados em casos como esses é uma bênção de proporções espirituais incalculáveis. Chegaram na hora certa, pois os pacientes beneficiados não foram alvo de um planejamento prévio, em função das emergências.

No dia seguinte, Anita foi levada à atividade mediúnica do SEPAZ, sendo atendida pelo médium Demétrius e recebendo nova e definitiva ajuda para sua recuperação.

Silvinho seria mantido ainda durante dias naquela sala de proteção até que o desligamento completo do corpo físico pudesse ocorrer[4]. Em seguida, seria objetivo de novas medidas visando a uma nova reencarnação dentro de alguns anos.

Terminados os atendimentos, Carminha, alguns amigos e eu fomos tomar um chá. A enfermeira estava feliz com os resultados do trabalho noturno e disse:

— Pai João, como me preenche ver os resultados deste trabalho de amor em nossos pacientes. Quando vi Silvinho e Anita pela primeira vez, nem imaginei que poderiam alcançar tantas bênçãos em tão pouco tempo.

— É, Carminha, a misericórdia não falta a ninguém e eles encerraram seus ciclos de dor.

— Impressionei-me com a desenvoltura de Sabrina. Quem diria que, depois de ver essa moça pensando em suicídio, ela agora estaria aqui servindo com tanto amor!

— Você viu o olhar que ela deu para você, Carminha?

— Sim, notei.

— Ela a reconheceu em função das várias vezes que estivemos juntos para auxiliá-la. Ela guarda muita gratidão pela sua participação.

— Nada fiz, Pai João.

---

[4] Existem desencarnes nos quais o desligamento do corpo é muito lento. No caso de Silvinho, por estar em uma condição espiritual de muita culpa e por ser criminoso, esse desligamento seria muito demorado. (N.E.)

— Amou, minha filha. Sua piedade e interesse em socorrê-la todas as vezes que a protegemos ficou marcada em seu coração.

— Ela é muito bondosa e sensível. Sinceramente, invejo a coragem dela nas terapias e nas novas escolhas.

— Você tem razão, ela fez muitas mudanças em pouco tempo. É necessário muito desapego e renúncia para tanto. A rigor, são poucas as pessoas dispostas a empregar seu comprometimento pessoal em sua própria melhoria. Existe muita acomodação e desejo de transferir para os espíritos a tarefa que compete a cada um no terreno das conquistas interiores.

— Entendo o que o senhor está falando. Eu mesma sempre fiz esta transferência de responsabilidade com os santos. Na verdade, acho que os importunei durante toda a minha vida. Santo Antônio não deve nem querer ouvir falar em meu nome! (E demos boas risadas da sempre humorada fala da enfermeira.)

A madrugada transcorreu repleta de serviço. Logo pela manhã fomos avisados por Humberto de que Sabrina não acordou muito bem e pediu a Demétrius para terem uma conversa fraterna. O encontro ficou marcado para a noite um pouco antes das reuniões semanais de estudo e evangelização de criança, no SEPAZ. O pai de Sabrina pediu nossa participação e, com muita alegria nos organizamos para a ocasião, como sempre, acompanhados por Carminha.

Eram dezenove horas quando a jovem entrou nas dependências da casa espírita e foi recebida com carinho pelo médium.

— Olá, Sabrina, boa noite!

— Boa noite, Demétrius! Obrigado por me receber.

— Imagine, Sabrina, precisamos uns dos outros. Não faço nada de mais em estar aqui e é com alegria que a recebo. Vamos para a sala de atendimento fraterno.

— Vamos sim. Não vejo a hora de poder colocar para fora o que sinto.

— Fiquei preocupado com seu pedido. Percebi que havia melancolia em sua voz.

— É verdade, Demétrius, levantei muito amargurada e parecia que estava ausente. Sabe como é isso?

— Sei sim, Sabrina.

— Tinha uma sensação de que não existia, de que estava fora da realidade e de que não conseguia controlar esse estado. Para falar a verdade, até agora não sei do que se trata. Você acha que pode ser algo mediúnico?

— Você se lembra de alguma coisa relativa ao seu sono? – perguntou o médium que se recordava plenamente do trabalho realizado durante a madrugada, fora do corpo.

— Não tenho muita certeza, mas bastou você falar nisso e uma imagem meio sombria saltou da minha mente. Ai, que horrível! Estou toda arrepiada. Que medo!

— Fique tranquila, não há razão para o medo! Essa é uma oportunidade para fortalecer sua fé. Do que você se lembrou?

— Vi uma mulher deitada como se estivesse morta, toda vestida de preto. Senti um aperto na minha cabeça e continuo sentindo umas pontadas nas têmporas.

— Você consegue identificar que sentimento é esse?

— Sinto uma tristeza intensa, talvez uma amargura que dói no coração.

— Entendi, Sabrina. Vamos fazer o seguinte. Vamos para o salão das macas buscar um auxílio para você.

Os dois se dirigiram ao salão de atendimentos espirituais e, no caminho, chamaram mais dois integrantes da casa para ajudar.

Após uma comovente prece feita por uma senhora que cooperava nas atividades de assistência junto às macas, Demétrius começou a dar um passe sobre o chacra solar da jovem, movendo as mãos em círculos no sentido horário.

Uma energia densa com coloração acinzentada foi jogada para fora. Sabrina começou a ofegar, parecendo que estava sem ar. Em seguida, o médium, com nosso auxílio, pediu licença a Sabrina e encostou os dedos indicador e médio em sua garganta. Instantaneamente, ela parou de arfar e relaxou. Aquela substância pardacenta continuava saindo em menor quantidade do solar, mas, mesmo assim, ela sentiu um alívio imediato. Humberto aproximou-se e afagou a filha com carinho e amor e, pouco depois, o trabalho de auxílio à Sabrina terminou. Assim que se recuperou, Demétrius a levou para continuar a conversa assistido por Humberto, que falou com muito afeto:

— Sabrina, você está de emprego novo!

— Sim, recentemente comecei a trabalhar como garçonete e divido meu tempo com outros afazeres para pagar as contas.

— Não estou falando desse trabalho, Sabrina – e deu um sorriso.

— A qual emprego você se refere?

— Fiz uma brincadeira, pois você está com novas atividades e compromissos fora do corpo durante a noite, realizados em desdobramento durante o sono. Os espíritos arrumaram outros serviços para você.

— É mesmo?

— Sim, muito serviço.

— E esse meu mal-estar tem relação com a noite passada?

— Completamente. A energia que limpamos agora em você era uma carga de amargura profunda de uma alma sofrida que você ajudou.

— Só podia ser mesmo, porque eu estava tão bem ontem! Não sei o que me deu, tive muito medo hoje, Demétrius.

— De quê?

— De voltar a sentir tudo que eu sentia há alguns meses, aqueles foram momentos muito difíceis.

— O medo, Sabrina, é a chave que abre todos os chacras. Médiuns saneadores sugam tudo quando se sentem assim.

— Você acha que já dormi com medo e, por isso, acabei atraindo e absorvendo algo ruim durante a noite?

— Não, pelo contrário. Na ajuda que deu ao espírito de uma desencarnada, você puxou energias ruins que ainda estavam coladas em seu chacra solar. Isso não aconteceu porque você agiu com medo, mas sim com amor. Mas, por estar iniciando agora este tipo de auxílio, ainda não aprendeu como se libertar dessa energia. E quando ela permanece um tempo mais prolongado em nossa aura e nos chacras, desperta vários sentimentos, entre eles o medo.

— Meu Jesus! E mesmo sabendo que não sei como me limpar dessas energias, os espíritos me levam ao trabalho?

— Somente assim você vai aprender, pois é no trabalho e passando nossos apertos que aprendemos como desenvolver nossas defesas. Você se sente melhor agora?

— Sou outra pessoa, muito diferente daquela que entrou aqui há alguns minutos.

— Viu como é fácil? Você precisa de treino, Sabrina. Médiuns saneadores precisam praticar e, para praticar, precisam do trabalho.

— Compreendi. Sinto-me aliviada de saber que não estou voltando aos meus medos antigos.

— Quem é controlado pelo medo cria algumas brechas na aura por onde penetram forças invasivas e tóxicas.

— E como não sentir medo? Você pode me ajudar a encontrar o que fazer para acabar com esse sentimento?

— Em nosso estágio evolutivo, não podemos acabar com o medo. Ele ainda é fundamental para nosso aprendizado e crescimento.

— Então, o que devo fazer?

— Desenvolver a coragem. Podemos dizer que a coragem é o medo direcionado para a frente. É um indicador de que necessitamos nos preparar para o evento que vamos ter de superar.

— Como assim?

— A palavra para explicar isso é "enfrentamento". Enfrentar: "ir para frente de", "dispor-se a superar". Ter coragem não é a ausência de medo, é o medo que enfrenta e supera, bem diferente do medo que paralisa.

— Nossa, acho que agora caíram umas cem fichas aqui na minha mente!

— Temos os chacras inaladores e os chacras pulverizadores. Os inaladores são o genésico, o solar e o esplênico. Os pulverizadores são o cardíaco, o laríngeo, o frontal e o coronário. Como o nome já diz, esses chacras inaladores são os que absorvem as energias, enquanto os pulverizadores são os que saneiam e purificam o que está a nossa volta, devolvendo às pessoas e ao ambiente as forças melhores.[5]

Nos dias atuais, a psicosfera da Terra é mais pesada para os médiuns porque, com a maioria das pessoas sentindo mais medo da vida e dos problemas, os chacras inaladores giram com mais frequência em rotação centrípeta, puxando tudo para dentro. O medo cria um estado mental de imaginação,

---

[5] Mantivemos na íntegra as informações do autor espiritual por considerarmos se tratar de material de pesquisa que merece nossa atenção, ficando a critério de cada um traçar suas conclusões. (N.E.)

muito fértil de perigos, que se transforma em preocupação; a preocupação produz o estado de aflição, que gera a ansiedade. E a ansiedade é um incêndio na vida mental de qualquer pessoa, ainda mais nos médiuns saneadores. Além das energias que são atraídas, é nesse campo mental desorganizado e tenso que muitas obsessões se estabelecem, agravando a situação emocional e espiritual.

Além dos medos inerentes à vida, existe um que tem levado bom número de médiuns a desistir da sua missão.

— Qual?

— O medo de ter de renunciar aos prazeres da vida e viver com uma disciplina positiva e edificante na rotina dos dias.

— Nossa, você foi ao ponto! Mas, veja bem, eu tenho muito medo de não dar conta disso.

— Todos dão conta, Sabrina, porque nascemos com condições para isso. O que torna esse assunto um drama na vida das pessoas é a forma como essa meta de transformação pessoal é proposta.

— Explique, por gentileza.

— A proposta de reforma íntima e melhoria espiritual tem sido apresentada com um rigor injustificável e cruel, especialmente no movimento espírita. Existe muita exigência e pouco apoio e acolhimento a quem deseja comprometer-se com a própria mudança. A comunidade espírita está repleta de almas falidas que carregam dramas consciencias severos e, por essa razão, boa parcela tem um grande sentimento de culpa e autocobrança. Estamos necessitando de uma abordagem mais amorosa e acolhedora para dar conta de tantas sombras interiores.

Com rigidez e posturas de cobrança e intolerância conosco e com nossos semelhantes, qualquer mudança fica mais pesada e, talvez, até impossível. Necessitamos desenvolver o autoamor e a amizade para motivar e incentivar, mais do que impor e reprimir.

— Que linda a sua fala, Demétrius! Sabe, senti-me emocional e espiritualmente adotada aqui no SEPAZ. Vocês foram extremamente amáveis e acolhedores comigo, e sei como isso foi fundamental para minha melhora — falou com os olhos marejados.

— Infelizmente, criou-se nos meios religiosos, e os ambientes espíritas não ficaram livres disso, um clima de angelitude e grandeza espiritual que não corresponde à nossa realidade. Por causa dessa cultura, a hipocrisia das condutas de fachada é adotada como modelo para se enquadrar. E o nosso lado humano é desconsiderado e esquecido.

Por esse motivo, nós adotamos aqui o movimento de humanização[6]. Procuramos o melhor de cada pessoa para que cada um faça verdadeiramente o que consegue, o seu melhor, e não o que é determinado para se fazer em função do que se sabe. Em vez de cobranças, temos cooperação, apoio e abraço amigo.

— Nossa, estou até engasgada! Sinto muita emoção com o que você falou. Lembrei-me de quando você me viu naquele banco, há pouco mais de um ano, de como me encontrava totalmente desorientada e infeliz, e você me estendeu a mão. Sou muito grata a você e a toda equipe desta casa. Agradeço a todos do fundo do meu coração.

— Agradeça a seu pai, Sabrina, e a esses tutores queridos do mundo espiritual que nunca nos desamparam. Honre a oportunidade de trabalho que estão lhe confiando com tanto amor. Eles acreditam muito em você; portanto, acredite mais em si mesma e enfrente seus medos.

---

[6] Ver capítulo "Atitude de amor", de autoria espiritual de Cícero Pereira, inserida na obra *Seara bendita*, psicografada por Maria José da Costa e Wanderley Oliveira — diversos espíritos — Editora Dufaux.

— Farei isso. Nossa conversa está me ajudando bastante. Não vou me esquecer do seu apoio.

— Está melhor? Podemos ir para as atividades?

— Estou bem melhor, mais leve. Posso lhe dar um abraço?

— Claro que sim.

Em nosso plano de vida, Humberto, Carminha e nós ficamos emocionados com a cena. Dois irmãos queridos em plena luta na reencarnação superando suas provas, suas dores e seus conflitos. Ajudando-se mutuamente com terno amor e respeito.

Carminha, ainda emocionada, indagou:

— Pai João, que sofrimento o dessa moça! Será que vai começar tudo de novo?

— Não, Carminha. Esses acontecimentos são aprendizados.

— O que ela estava sentindo é a mesma coisa que Anita sentia. Fiquei impressionada. Passou tudo para ela, é isso?

— Tudo não, mas uma parte da energia de Anita ainda estava na aura de Sabrina. *O livro dos espíritos* deixa claro essa situação quando esclarece que as atividades do espírito durante o sono físico podem refletir no corpo, pois, se o espírito está emancipado, se conserva ainda ligado ao corpo, que sofre as repercussões de suas atividades.

Há uma fadiga natural em função das atividades noturnas, porém, melhor se cansar com o trabalho do bem do que com os reflexos das atividades realizadas em sintonias inferiores que muitos buscam ao sair do corpo físico, durante a noite.

— É, Pai João, quanto mais presencio a vida dos encarnados em nossas atividades, mais aprendo sobre mim mesma.

— A propósito, Carminha, ficou sabendo que já vai começar o curso com doutor Inácio?

— Sim, já estou inscrita e, a propósito, não vejo a hora de começar. Ah! E também já tomei uma decisão.

— Qual?

— Quero mesmo começar meus serviços de assistência fora da Casa da Piedade após essa preparação. Sinto que necessito desse contato com a realidade do que acontece na vida física. Fiquei muito tempo servindo nas enfermarias e acho que chegou a hora. Comecei a sentir saudade do corpo e da vida na Terra.

Carminha dava mesmo os primeiros e mais importantes passos em direção a novas experiências. Seu coração, pleno da fé católica, amava o auxílio ao semelhante, mas ela precisava dimensionar melhor a realidade extrafísica. A preparação em serviços e cursos ao lado do doutor Inácio seria um divisor de águas para a querida servidora.

CURSO DE MEDICINA ENERGÉTICA NOS RELACIONAMENTOS

"Com efeito, é certo que a maioria dos casos de loucura se deve à comoção produzida pelas vicissitudes que o homem não tem a coragem de suportar. Ora, se encarando as coisas deste mundo da maneira por que o Espiritismo faz que ele as considere, o homem recebe com indiferença, mesmo com alegria, os reveses e as decepções que o houveram desesperado noutras circunstâncias, evidente se torna que essa força, que o coloca acima dos acontecimentos, lhe preserva de abalos a razão, os quais, se não fora isso, a conturbariam."

O Evangelho segundo o Espiritismo, capítulo 5, item 14.

Os cursos promovidos pelo doutor Inácio abordavam vários temas, entre eles o estudo sobre chacras, miasmas, bloqueio energético, doenças emocionais, doenças psíquicas, autodefesa energética, casamento, perdão, obsessão, inveja, orações de limpeza da aura, asseio de cordões energéticos, acolhimento, alinhamento e balanceamento de chacras, pulverização de energias ambientais, doenças da alma, a magia das plantas e tantos outros temas faziam parte da grade de matérias.

Carminha havia feito sua inscrição como prometeu e, especificamente nesse curso que ela iria fazer, o enfoque seria sobre a Medicina energética nos relacionamentos, estudando o medo como fonte primária e mais determinante de doenças e diversos outros problemas. Estava tudo pronto para iniciar. O grupo contava com 65 novos servidores que atuavam como responsáveis pelas enfermarias da Casa da Piedade, em diversos setores. Alguns outros coordenadores dos plantões e eu também faríamos o curso para reciclagem e entrosamento com os novos integrantes.

Médiuns e servidores do bem, em desdobramento pelo sono, também estavam inscritos, entre eles Demétrius, doutora Sandra e Sabrina. Havia a presença de diversos padres ligados ao coração do doutor Hugo Werneck[1], fundador da Casa da Piedade.

O clima era de festa. O pequeno salão que era destinado a essas atividades pedagógicas tinha janelas grandes para os jardins, deixando a sensação de uma sala de aula em plena natureza.

Uma pequena e límpida queda-d'água de dois metros fora improvisada nos fundos do salão, ornamentada com pedras claras selecionadas diretamente da natureza astral, compondo um clima minimalista, aconchegante e agradável. Simplicidade e bem-estar produziam uma sensação de integração que motivava o desejo de abrir a mente a novos aprendizados.

A espera pelo expositor era aguardada com certa ansiedade por parte dos alunos, pois aquele seria o primeiro de alguns encontros. Todo o grupo já havia atuado com maior ou menor frequência junto ao doutor Inácio, nas atividades de socorro da Casa da Piedade. Portanto, receber um curso ministrado por ele seria um presente muito esperado.

Já era madrugada avançada quando ele chegou, e iniciou pontualmente a sua apresentação:

— Bom-dia a todos. Vou começar colocando em prática o que vim trazer para vocês. Estejam preparados, pois será desafiador, mas vai valer a pena. O que mais espero nesse curso é que vocês não esperem nada de mim, mas esperem tudo de vocês. Essa é a melhor forma de começar – e já descontraiu a turma com suas palavras logo de início.

---

[1] Hugo Werneck, médico carioca, veio morar em Belo Horizonte, no início do século 20, a fim de se tratar da tuberculose. Foi um dos fundadores da Escola de Medicina, da Santa Casa, dos hospitais Madre Tereza e São Lucas, todos na capital mineira. Curiosamente, não morreu de tuberculose, mas de câncer, aos 57 anos. (N.E.)

Percebo no ambiente certa dose de ansiedade, o que é natural e respeito, mas não posso trazer para mim essa energia. Na verdade, ela se constitui um peso, e eu preciso devolver este peso para vocês porque não me cabe corresponder às ansiedades e expectativas do momento. Vim aqui para compartilhar o que puder. Sugiro que abaixem o nível de inquietude. Não consigo corresponder às expectativas de vocês, mas às minhas, que estão baseadas no desejo de partilhar experiências.

Sinto no meu plexo solar uma dose de energia quente, de cor laranja, que é a corrente poderosa e tensa da ansiedade de vocês. Se eu não usar essa sensibilidade perceptiva e não souber como manipular essa força, me transformarei em um catalisador desse campo quântico[2] de ansiedade, que pode ser uma fonte de doenças e sobrecarga mental para mim. Agora, quero que observem o que vou fazer.

Estou blindando energeticamente o meu chacra solar com a mão direita, usando o poder da minha senha mental[3]. Vou espelhar o campo quântico de vocês, invertendo os *spins*[4], devolvendo-o a vocês. Observem-se por alguns instantes, pois preciso que percebam o que cada um de vocês vai passar a sentir.

Depois de uma pequena pausa, doutor Inácio perguntou:

— O que vocês sentiram?

---

[2] À medida que se irradiam, nossos pensamentos têm um efeito sobre tudo o que existe na natureza. A Física já reconhece esse fato para fontes de energia. Qualquer luz, seja uma estrela ou uma vela, envia suas ondas por todo o campo quântico do eletromagnetismo, indo até o infinito, em todas as direções. (*A cura quântica*, da autoria de Deepak Chopra)

[3] As senhas mentais podem ser mantras, preces e outros recursos de proteção individual. (N.E.)

[28] Em Mecânica Quântica, o termo *spin* associa-se, sem rigor, às possíveis orientações que partículas subatômicas carregadas como protões (ou prótonsBr), electrões (ou elétronsBr) e alguns núcleos atômicos possam apresentar quando imersas em um campo magnético.

— Estou com muita dor na parte da frente da cabeça – respondeu um dos alunos.

— Fiquei com uma dor de cabeça generalizada – respondeu outro.

— Tenho um sentimento de desagrado e constrangimento pelo fato de o senhor dizer que não veio aqui para atender a nossas expectativas – manifestou uma jovem, com certa dose de irritação.

— E por que isso causa tanto mal-estar em você, minha jovem? – indagou o doutor.

— Porque estou decepcionada.

— Que ótimo! Então você está decepcionada?

— Estou.

— E a respeito de que se trata sua decepção?

— Ao fato de esperar por algo que não vou ter.

— E quem disse que você não vai ter o que esperava?

— O senhor.

— E o que você esperava, exatamente?

— Ser capaz de manipular as forças energéticas dos sentimentos e saber fazer a rotação e o balanceamento dos chacras.

— E o que a faz ter certeza de que você não vai aprender isso?

— Acredito que o senhor acabou de matar minhas expectativas. Acho que é isso.

— Você não acredita em minha experiência e capacidade?

— Acredito, e muito.

— Então, se você não conseguir manipular essas forças como gostaria, isso aconteceria por minha causa?

— Talvez não, se o senhor ensinar.

— Então me responda: devido a quem você acredita que não poderá fazer o que pretende?

— A mim mesma?

— Será que é por isso que está tão ansiosa?

— Creio que sim. Não sei como utilizar essa técnica e gostaria muito de aprender.

— Então, você concorda comigo que, quando coloca nos meus ombros a responsabilidade de preparar você para fazer isso, você o faz porque se sente incapaz?

— É, eu penso que posso não dar conta.

— Você pode perceber que o propósito luminoso da sua ansiedade é prepará-la para conseguir fazer o que quer?

— Não, eu nem sabia que a ansiedade poderia fazer alguma coisa. Pode mesmo?

— Sua ansiedade não tem outro objetivo nesse momento, que não seja este. Então, você não precisa transferi-la para mim, compreendeu?

— Claro que sim, doutor Inácio, estou compreendendo claramente. Estou ansiosa porque me sinto incapaz e, sentindo-me assim, transfiro ao senhor a responsabilidade de me preparar. Ainda assim, continuo ansiosa.

— Minha experiência e capacidade não vão deixar você preparada. Poderei colaborar, orientar e cooperar, mas o preparo é você que desenvolve. Consegue sentir isso?

— Plenamente, doutor Inácio.

— Então me diga: por que apostou tanto em minhas possibilidades para prepará-la?

— Por que o senhor tem mais vivência.

— Mais vivência significa o quê, para você?

— Tempo de atividade, experiência, bagagem.

— O tempo pode ser um inimigo do aprimoramento quando acreditamos que ele é a única credencial de experiência. Temos médicos com décadas de atividades que não sabem sequer para que servem certas medicações. Você deve ter outro critério para acreditar tanto em mim. Vamos verificar? Qual é esse critério?

— O senhor foi um espírita renomado enquanto estava encarnado, um baluarte do Espiritismo, e isso impõe muito respeito.

— Entendi seu critério, mas, e se eu disser que não acredito nisso nem me vejo assim?

— Continuarei achando a mesma coisa.

— E se eu disser que me achar um espírita renomado é uma *baita* ilusão sem nenhum propósito, e que renome e influência são perigosas cascas de banana para escorregarmos no orgulho e na vaidade?

— Entendo o que o senhor quer explicar, mas não consigo perceber como isso poderia se aplicar ao senhor.

— Não consegue perceber porque acredita na imagem que faz de mim, e essa imagem é de uma fragilidade surpreendente. Basta que eu me comporte de forma agressiva ou mal-educada, contrariando o que pensa de mim, e num passe de mágica você vai me odiar. E digo mais, se você continuar acreditando na ilusão de renome e grandeza espiritual com relação a qualquer um, isso só vai servir para ofuscar sua real possibilidade de acreditar nos seus próprios potenciais. Sua imagem mental a meu respeito é que desperta todo o processo que lhe impede de avaliar suas competências e focar em seu próprio valor. Quando entrei nesse salão observei sua expressão de admiração e encantamento, como se estivesse apaixonada e um anjo viesse dar esse curso.

— Nossa, doutor Inácio! Embora reconheça que tem razão, nem sei o que dizer sobre isso.

— Muito bem, vamos lá, pois tenho mais algumas observações a fazer. Esta forma de ver as pessoas cria rótulos que colocamos uns nos outros para justificar a nossa limitação pessoal. É mais fácil formatar a ideia de que o doutor Inácio vai ensinar Medicina Vibracional do que vocês próprios acreditarem no que sabem sobre o assunto e na sua competência para agregar novos conhecimentos. É muito nocivo o hábito criado nas comunidades religiosas, incluindo a espírita, sobre a suposta importância conferida a alguns médiuns, dirigentes e líderes que antes eram direcionadas a padres, bispos e outros tantos representantes. Essa atitude é uma faca de dois gumes, na qual ambos os lados ferem, machucam, limitam e insuflam a ilusão.

Acreditar nas conquistas e valores alheios é muito bom, mas o que importa não é o que a pessoa representa ou o cargo que ocupa, e sim quem ela é realmente. Confiar somente nas credenciais não muda nada. Muitas vezes usamos isso para encobrir a insignificância da qual supomos ser portadores. Essa crença pode representar a visão distorcida das pessoas que nos cercam, principalmente no plano físico, onde vale o alerta de Jesus de que muitas pessoas podem ser túmulos caiados por fora e cheios de podridão por dentro[5]. Procuremos não replicar aqui estas interpretações incorretas.

Quase sempre no mundo material, e mesmo aqui na vida dos espíritos, em regiões vibratórias mais próximas da Terra, o conhecimento e a cultura são os trampolins de autoridade e grandeza. Pura ilusão! Este saber impressiona, mas, quando desassociado de uma educação emocional e moral para a conquista de valores legítimos do espírito, pode corromper e enganar.

---

[5] Mateus, 23:27.

— Doutor Inácio, então me diga: o que preciso fazer para acreditar mais em mim?

— Primeiramente, pare de se encantar com as capacidades alheias e entenda que, se você está tão ansiosa com relação a esse curso, sua ansiedade deve estar lhe dizendo: você tem toda capacidade para aprender e usar os recursos da Medicina Vibracional para ser útil. Se fosse o contrário, você não teria um pingo de ansiedade nem se interessaria, possivelmente, por um curso como este. Foque em você, é isso que quero dizer.

— Farei isso, doutor Inácio.

— Como está seu nível de ansiedade agora depois dessa conversa?

— Ainda está alto.

— E como está se sentindo com relação a mim?

— Não muito bem. Acho o senhor direto demais.

— Ótimo, sou direto mesmo. Você poderia nomear o sentimento?

— Acho que irritação, e até um pouco de raiva!

— E você vai continua tão admirada e encantada por mim quanto estava antes do curso começar?

— Nossa, doutor, que pergunta!

— Vamos, pode responder!

— Não, não quero responder!

— Pronto. Vejo que está desiludida, e eu perdi mais uma chance de me casar!

Todos riram descontraidamente, inclusive o próprio doutor Inácio. Após a descontração, ele continuou:

— Ótimo! Já temos aqui um capítulo prático e muito importante da Medicina Vibracional, que trata das relações entre as pessoas. É disso que vamos falar.

Dirigindo-se à jovem, disse:

— Agora, feche seus olhos, respire profundamente por três vezes e me responda: "Qual é o seu nome?".

— Maria Auxiliadora.

— Eu sabia seu nome, mas não me lembrava porque a minha memória está como a de uma minhoca, ou pior. Maria Auxiliadora, quero que você faça contato com seu profundo sentimento de incapacidade. Você acha que consegue?

— Vou tentar.

Todos ficaram em silêncio por algum tempo, até que doutor Inácio perguntou:

— Conseguiu?

— Acho que sim, pois estou me sentindo péssima, totalmente inadequada, desconfortável e exposta.

— Qual é a sua vontade ao fazer contato com esse sentimento?

— Tenho vontade de sair correndo daqui e ir embora. Sei lá, talvez até abandonar o curso.

— Vejo que você se sente mesmo muito incapaz.

— Totalmente.

— Então, aceite o seu sentimento de incapacidade e diga a ele: "peço desculpas, meu sentimento de incompetência, por não o reconhecer".

— Sentimento de incompetência, eu peço desculpas por não o reconhecer.

— Fale com mais fé, menina!

— Sentimento de incompetência, eu peço desculpas por não o reconhecer!

— Agora, diga ao seu sentimento de incompetência que você o acolhe e o considera muito importante para sua vida e para o seu aprendizado.

— Sentimento de incompetência, eu o acolho e o considero muito importante para minha vida e para o meu aprendizado!

— E, para encerrar, abrace a si mesma e aceite verdadeiramente sua incapacidade.

Vamos, abrace a si mesma novamente e me diga agora como se sente, Maria Auxiliadora.

— Sinto que um alívio profundo tomou conta de mim e estou extremamente bem e disposta.

— Sem expectativas e raiva, certo?

— Isso mesmo.

— Essa é a aplicação prática da Medicina Vibracional nos relacionamentos.

Doutor Inácio, em menos de cinco minutos, havia feito uma verdadeira fundamentação prática da aula que veio ministrar. Olhei para Carminha, que estava atenta e perplexa, e ela comentou muito discretamente, falando para que só eu a escutasse:

— Com perdão da palavra, Pai João, acho que estou apaixonada!

— Apaixonada? Por quem?

— Pelo doutor Inácio. Ele é tão simples e profundo, tão óbvio e corajoso para romper com padrões! Como ele pode ser assim?

— Concordo com você, minha fia. O doutor é um coração sem igual. Mas tome cuidado com essa paixão por ele, viu, *muzanfia*! Você viu o que aconteceu com a Maria Auxiliadora!

— Estou com uma vontade enorme de abraçá-lo!

E, para surpreender ainda mais a todos, doutor Inácio diz em voz alta:

— Pode vir me abraçar, Carminha, eu aceito.

— Doutor Inácio! O senhor escutou o que eu disse?

— Como poderia escutar estando tão longe de onde você está? Não foi com os meus ouvidos que lhe escutei, foi com a mente. Pode vir aqui, dê-me um abraço e explique para o grupo o que você falou ao pé do ouvido do Pai João.

Carminha levantou-se e, um tanto envergonhada, abraçou ternamente o doutor, e ele, com uma de suas tiradas, incendiou o humor em todos:

— Já vi que não será tão difícil arrumar um casamento nesse curso! A paixão está no ar!

Muito bem, brincadeiras à parte, essa experiência que tivemos retrata o que é a Medicina Energética na prática. A Medicina Vibracional ou Energética, como chamam alguns, é a peça que faltava nos quebra-cabeças das matérias sobre saúde integral.

Dois componentes formam a base dessa Medicina, a energia e o sentimento. Os campos energéticos são tão fortemente influenciados pela força essencial do sentimento que os limites de um e de outro podem se confundir. O que você sente é capaz de moldar a energia que produz e emite, e a energia é capaz de criar campos que podem, igualmente, determinar o que alguém pode sentir.

Vejamos o que um ambiente carregado de forças nocivas da inveja, em que as disputas e os interesses pessoais predominam, pode fazer no campo vibracional. Aqueles que estiverem com seus núcleos energéticos – chacras – abertos para receber a influência deste sentimento serão capazes de produzir muitos outros sentimentos desagradáveis e dolorosos, e que tem a ver com as sensações provocadas pela estrutura atômica do padrão da inveja, modificando seu estado mental e suas sensações. Por isso os lugares têm vida própria e exercem pressão sobre a mente. Chamamos essa energia de teia vibratória, que constrói uma egrégora, uma emanação energética ou clima psíquico nos ambientes. Essa teia vibratória existe com relação a lugares, objetos, grupos de pessoas, continentes e mundos.

Hoje, vou enfocar mais detalhadamente as teias vibracionais dos relacionamentos.

Pessoas que se relacionam constroem essas forças. Cônjuges, colegas de trabalho, amigos, parceiros e todo tipo de convivência prolongada cria uma identidade astral. Uma professora que todo dia, na sala de aula, se esforça para passar o conhecimento aos seus alunos, está criando uma atmosfera mental para aquela classe, em conjunto com os sentimentos e as atitudes de todo o grupo.

Esta construção de um clima astral ocorre no lar, em um prédio de repartição pública ou privada, numa cidade, na obra de engenharia em construção, no prostíbulo, em uma colônia no umbral. Onde há gente convivendo existe essa identidade astral, com características e natureza particulares. Pelas estatísticas de várias colônias espirituais e também de especialistas espirituais no assunto, são três as principais teias vibracionais que se encontram presentes no planeta, nesse período de transição: a energia da violência, a mordaça do medo e o fluxo do desejo de paz. Parece um contraste, mas é muito óbvio de se imaginar que, em um mundo onde cresce a violência, aumentem também o medo e o desejo de paz.

Nosso enfoque hoje será no sentimento de medo; em outras oportunidades, focaremos nos demais itens. Sem dúvida, ele é o sentimento predominante na Terra, dentro e fora da matéria física. Buscando a origem desse sentimento na evolução, verificaremos que o apego às posses é a base emocional dessa emoção. O medo de quem possui, seja lá o que for, é o de perder. É ele que mais assalta a mente humana em todos os instantes: medo de perder a vida, a segurança, as pessoas que ama, os recursos de sobrevivência, os bens, a relação, o sono, a estima e o reconhecimento de alguém, e tantos outros recursos que compõem a existência. A perda é algo aterrorizante.

Vamos dar um nome a esse quadro de valores de acordo com a abordagem da Medicina Energética, para ficar mais fácil a comunicação das ideias. Chamemos a todo esse conjunto de interesses de materialismo, que expressa o comportamento de apego à vida material e tudo que lhe diz respeito e que tem como efeitos as mais lamentáveis enfermidades morais, emocionais e mentais.

A pergunta mais corriqueira no decorrer desse curso é: como desapegar? Como vencer as barreiras da possessividade? A resposta é simples: aprendendo a lidar com as perdas, abrimos as algemas do apego e do medo de perder. Embora seja simples a resposta, não é fácil aplicar isso na vida.

O objetivo desse encontro é oferecer subsídios e reflexões que podem nos orientar a lidar com esse desapego de forma lúcida e eficaz. Sabendo quais são os maiores inimigos, compete-nos traçar estratégias próprias para superá-los. Isso será fundamental nos trabalhos das enfermarias dessa casa de amor onde chegam centenas de corações atemorizados e desorientados, em função de vários quadros de pânico com a perda da vida física e com tudo o que deixaram para trás.

Nos estudos em torno dos medos humanos percebemos que, em sua maioria, eles estão relacionados a três perdas essenciais. A primeira é a perda da falsa autoimagem, a segunda é a perda dos relacionamentos tóxicos e a terceira é a perda do corpo físico.

Por trás de cada uma dessas perdas, existem três condutas distintas, profundamente adoecidas: Na primeira, encontramos a hipocrisia provocada pelo desejo de sustentar uma autoimagem que não corresponde a nossa verdade pessoal; na segunda, registramos um estado de profunda carência afetiva que tenta se suprir em relacionamentos tóxicos; na perda do corpo físico impera o reinado do materialismo, que tenta negar a morte para alimentar a ilusão dos prazeres. Cada uma dessas perdas esconde um medo essencial: o de aceitar a própria realidade, o de perder ganhos afetivos secundários nas relações e o de morrer.

Alguns chacras são afetados mais intensamente por essas três condições emocionais causadas pelo medo e isso prejudica a proteção energética e a imunidade perispiritual e física da grande maioria das pessoas na humanidade. O medo de ser quem realmente somos trava o chacra laríngeo, trazendo bloqueio na comunicação; o medo de abandonar ganhos afetivos secundários acelera o chacra solar em relações de exploração entre vivos e o medo da morte polui o chacra cardíaco com a angústia de se ver diante dela.

Os patologistas do futuro vão se ocupar em fazer a análise das causas e dos sintomas das doenças sob a ótica da Medicina Vibracional, com a profundidade que o assunto merece. A maioria das enfermidades físicas está de alguma forma entrelaçada a essa realidade, que é alvo de sérias pesquisas no mundo espiritual. Uma unha encravada ou um entupimento grave de artérias coronárias pode ter íntima relação com o medo. Um câncer fatal ou uma micose recorrente podem ser resultados de medos severos. É claro que não podemos excluir outras causas ao analisar tais enfermidades, porém, reduzi-las a simples exames da sorologia que apresentam o estudo imunológico dos agentes da doença é ignorar componentes fundamentais da saúde à luz do espírito imortal.

O medo é a origem dos estados de ansiedade, de preocupação e de sobrecarga que alicerçam inúmeros quadros psicossomáticos, delírios e até senilidade precoce fortemente induzidos por um circuito de vida fechado e centrado em pavores e fantasias.

Dessas três perdas essenciais, foi sugerido pela nossa equipe um enfoque mais direcionado à dificuldade de se desapegar dos relacionamentos tóxicos. Tentarei me manter nisso, mas se eu começar a contar casos de Minas Gerais e divagar, vocês podem me puxar a orelha – após esta fala todos começaram a rir, pois ninguém faria o que ele estava sugerindo. – Não quero esbanjar o tempo de vocês nem perder o meu.

Nos relacionamentos, a ação do medo é cruel. Apego, posse e receio de perder são fortes indicadores de adoecimento nos relacionamentos. Fala-se muito em desapego de bens terrenos quando o assunto é o desencarne, mas o desapego de relacionamentos é algo muito mais doloroso. Ao abordar o materialismo, não devemos nos referir somente aos bens materiais. Seu alcance costuma ser mais danoso quando o assunto é a perda de vantagens pessoais presentes nas relações desgastadas e mantidas pelo preço da dor, do desrespeito e do egoísmo.

Analisemos as estatísticas que trazem uma visão a respeito desse tema. Cinquenta e seis por cento dos casos de enfermidades analisados nas enfermarias da Casa da Piedade revelam fortes componentes de apego a pessoas e contextos do mundo físico. É um percentual muito grande considerando que, dos milhares de quadros de doenças, mais da metade tem suas raízes nessa inclinação apaixonada e persistente.

As rotas emocionais mais frequentes nas quais o ser humano, consciente ou inconscientemente, têm feito suas escolhas para se completar no outro são traçadas na necessidade de agradar a todos, na baixa autoestima, na carência afetiva, na negligência da zona de conforto, na ausência de sentido para viver e na baixa tolerância a frustrações.

Quadros de depressão e de ansiedade são, com muita frequência, decorrentes do esforço sobre-humano de carregar o mundo nas costas, de submeter-se a abusos e manipulações com o intuito de atender à família, ao cônjuge, aos amigos ou outras pessoas que são importantes na nossa vida.

O medo também está presente nesse movimento emocional de se arrimar em alguém, bem como na necessidade de enfrentar as próprias mazelas, as necessidades mais profundas no terreno da alma, o medo de construir nossa caminhada de autonomia utilizando recursos próprios.

Os relacionamentos se envenenam, as pessoas se acomodam e o tempo traz os efeitos para tamanha enfermidade. Existe muito desrespeito, exploração e crueldade em nome do amor.

Recebemos recentemente o caso de Anita nessa casa. Muitos de vocês puderam acompanhar os atendimentos prestados a ela pelo desdobramento no sono físico, por meio do médium Demétrius, que nos auxiliou nessa atividade e que aqui se encontra agora, realizando o curso conosco.

Demétrius, está aí mesmo, não está? Levante a mão para que os companheiros possam vê-lo.

— Sim, estou aqui no cantinho, doutor Inácio – falou o médium, levantando-se para ser identificado.

— Achei que estava ficando gagá e tinha visto demais. Bem-vindo ao curso!

— Obrigado, doutor.

— Anita é um caso clássico de relacionamento familiar tóxico e comprometedor da saúde.

Ela é bem aquele tipo da personalidade de uma matrona romana, a rainha do lar. Mulher que tinha grandes posses materiais e vivia cercada de filhos e parentes que, após a morte do pai, assediaram interesseiramente a mãe por causa das riquezas até que ela tombou na enfermidade e foi abandonada no final da vida.

Anita, como muitas mães, agiu acreditando que poderia estabelecer os rumos da família, determinar o que todos os integrantes deveriam sentir uns pelos outros e criou o sonho de uma família onde todos se amam e são totalmente submissos às abas de sua saia.

Diagnóstico? Enfermidade que assalta muitos corações nesse planeta-escola: mania de ser Deus, prepotência adornada com o nome de coragem e egoísmo embalado com o nome de amor maternal. Com esse esforço que ultrapassou todos os seus limites físicos, emocionais e mentais, pouco a pouco Anita foi adoecendo pela amargura da contrariedade em verificar que não conseguia seus objetivos no grupo familiar. Diante dos embates, traições, manipulações e mentiras que giravam em torno de suas ações, ela não aceitou a realidade dos fatos, uma vez que ela também manipulava e tentava controlar a todos.

Em função da extrema amargura e da mágoa intransigente, ela tombou em um quadro de pressão alta que, não sendo tratado com o devido cuidado por ela mesma, provocou um acidente vascular leve, mas que acabou por conduzi-la a uma depressão agravada pela revolta, culminando num quadro de esquizofrenia. Anita saiu da sanidade, pois queria o impossível e não aceitou a realidade.

E há quem chame isso de amor e dedicação, mas na verdade são relacionamentos tóxicos. O medo de perder vantagens e ganhos secundários estava lá, embutido nas estruturas emocionais de Anita, dilacerando seu coração e, por fim, a sua própria vida física.

Essa é uma característica que merece atenção dos profissionais, atendentes e trabalhadores das enfermarias dessa casa de amor. O materialismo pode ser conceituado como apego a vantagens, não necessariamente vantagens materiais, mas também emocionais e morais, com fins subjetivos de controlar os recursos temporários do plano físico. Anita alimentava seu orgulho comandando seu grupo, avaliando isso como responsabilidade e dever que a ela pertenciam.

Daí vieram a sobrecarga, a ansiedade, a depressão e a loucura. Esse é o provável destino de pessoas que querem cumprir um papel nos relacionamentos que nem Deus cumpre.

Não tem como acreditar nesse papel de salvadora que muitas mães insistem em desenvolver. Quando ainda estava encarnado já chamava muito a atenção de Modesta sobre isso em relação aos seus filhos. Ninguém salva ninguém, não existe mãe com esse poder todo e não há ninguém com essa função no universo. Querer salvar a todos é uma atitude de colocar nas costas um peso que não lhe pertence.

Podemos diminuir o peso das provações de quem amamos, mas achar que temos o poder de salvá-lo ou de isentá-lo de passar pelo aprendizado da superação é coisa de gente que está precisando de ajuda. Anita tentou salvar a todos e não conseguiu fazer isso nem por si mesma. Bastou ela morrer e os familiares, já no funeral, discutiam descontrolados para reivindicar para si a posse dos bens da família. A alienação de Anita no final da vida foi uma defesa adotada para que ela não acompanhasse essas cenas de ganância e interesse pessoal.

Faltou a visão da impermanência da vida por parte dessa mãe extremamente zelosa, que usou suas forças na direção errada e muito além de seus próprios limites. Como nos traz o *Evangelho segundo o Espiritismo*, a maioria dos casos de loucura se deve à perturbação produzida pelas dificuldades e problemas que não temos a coragem de suportar. Se agíssemos de forma diferente, com entendimento e aceitação das circunstâncias, nos colocaríamos acima dos acontecimentos e eles não nos abalariam tanto.

Anita teve a coragem para manter seus pontos de vista, mas não a usou para fortalecer seus sonhos ou seus ideais de uma vida harmoniosa. Sonhou pelos outros e matou sua própria esperança. Não teve coragem para entender e aceitar novas formas de enxergar a vida e, assim, suas crenças a derrotaram lentamente.

Bom, meus amigos, olhando aqui no meu relógio, gastei vinte preciosos minutos de todos nós para fazer a primeira de dez apresentações deste curso. Abusei do tempo. Podia ter feito isso em dez minutos. Muitos aqui já conhecem minha didática de ensino em que não procuro ouvir as perguntas de vocês, pois elas lhes pertencem e devem servir de motivação para uma busca e uma pesquisa para respondê-las. É o meu jeito de ensinar.

Serei eu que farei as perguntas. Já preparei previamente as que julgo importantes e que vão instigar o raciocínio de vocês sobre o tema. Se conseguirmos trabalhar com apenas uma pergunta e explorá-la com profundidade, já estarei satisfeito.

Vamos lá!

PROJETO DE CURA PARA OS TRÊS PRINCIPAIS MEDOS

10

"A perturbação que se segue à separação da alma e do corpo é do mesmo grau e da mesma duração para todos os Espíritos?"

"Não; depende da elevação de cada um. Aquele que já está purificado, se reconhece quase imediatamente, pois que se libertou da matéria antes que cessasse a vida do corpo, enquanto que o homem carnal, aquele cuja consciência ainda não está pura, guarda por muito mais tempo a impressão da matéria."

O livro dos espíritos, questão 164.

— Reflitam: Qual o projeto de cura que vocês propõem para as três perdas essenciais?.

Vamos alinhar o conceito de que trabalhar perdas é curar medos. Um projeto que vise tratar os medos é algo que poderá ser utilizado em cinquenta e seis por cento dos casos em nossos atendimentos. É claro que as particularidades de cada personalidade vão exigir complementos e roteiros específicos.

Relembremos as três perdas essenciais.

A primeira perda é da falsa autoimagem. Pelo medo de expressar sua verdade pessoal, o homem se esconde na hipocrisia.

A segunda perda é a dos relacionamentos tóxicos. Pelo medo de ter que olhar para sua carência afetiva, muitas pessoas se arruínam na submissão e na dependência.

A terceira perda é a do corpo físico. Pelo medo de morrer, muitos se aprisionam na ilusão dos prazeres provenientes do materialismo.

Autoimagem falsa, relacionamentos tóxicos e a morte são nossos fundamentos de exame para estudar os sistemas emocionais de fuga do enfrentamento, que resultam em hipocrisia, dependência e ilusão.

Agora vocês podem começar a apresentar suas respostas. Quem vai começar?

— Doutor Inácio, eu quero começar.

— Diga seu nome e setor de trabalho na Casa da Piedade, por gentileza.

— Meu nome é Manoel, trabalho nas câmaras de recomposição de memória.

— Que tipos de casos são atendidos nesse setor? Explique para que todos aqui entendam.

— Lá são atendidas pessoas que desencarnaram e perderam as referências mentais. Sem memória, o ser humano não é capaz de dizer qual cor está vendo. Aliás, nas primeiras semanas de tratamento, os internos sequer conseguem pronunciar uma palavra. Perdem, inclusive, a memória cognitiva.

— Em qual estado esses pacientes ficam na ala?

— Parecem robôs. Conseguem andar, movimentar-se com ajuda, mas não se localizam nem se expressam.

— E qual a sua contribuição para a nossa tese em relação a medos?

— O que tenho aprendido nesses serviços com pacientes desorientados comprova a estatística elevada a que o senhor se referiu. O caso de Anita foi avaliado por nossa equipe na enfermaria onde Carminha trabalha contando com

Pai João e outros companheiros aqui presentes. O senhor tem muita razão ao dizer que a falsa autoimagem é porta para a hipocrisia. De tanto sonhar pelos outros, muitos encarnados terminam ficando órfãos de seu ideal pessoal. Suas aspirações murcham gradativamente e vão se atolando em um vazio que os consome. Tudo isso porque sufocam sua realidade pessoal, sufocam seu eu verdadeiro em meio a tantas mentiras que constroem para si mesmos, erguendo uma prisão em torno de sua vida mental.

Muitos alimentam um medo cruel ao ter de olhar para sua verdade pessoal e aceitar quem realmente são, com suas limitações, defeitos e vícios, mas também com muitos valores que se encontram sufocados debaixo da hipocrisia. Como defesa criam o eu ideal, uma representação intelectual do que pensam que são. O ego assume o comando desse processo, distanciando a pessoa do que realmente sente e é. Suas emoções são ignoradas e o processo de desnudar-se a si próprio lhe seria muito doloroso, por isso teme o eu real e foge dele.

Somente com uma profunda honestidade emocional o ser humano conseguirá desenvolver sua autenticidade. E para que essa honestidade exista, ele vai precisar investigar persistente e corajosamente os seus sentimentos e acolher sua sombra interior com a luz da sinceridade, para descobrir quais são os traços que definem sua identidade essencial.

— Correto, Manoel, você teceu ponderações muito afinadas com o que temos aprendido.

— De alguma forma já conheço bem o seu projeto, doutor Inácio, acresci apenas um pouco do que tenho recolhido nas lições dos serviços de socorro.

— Você acrescentou muito. E queria lhe pedir mais um esclarecimento que pode ser útil a todos.

— Pois não, doutor.

— Entre os casos que você atende, explique a relação entre perda de memória e hipocrisia.

— Quanto mais nos afastamos da nossa realidade espiritual, do eu real, mais aumentam as chances de vivermos um processo desses logo que a perda do corpo físico acontece. Encontramos nessas circunstâncias a aplicação clara da conhecida perturbação após a morte, que foi muito bem estudada por Allan Kardec, em *O livro dos espíritos*, nas questões 163 e 164:

> "A alma tem consciência de si mesma imediatamente depois de deixar o corpo?
>
> Imediatamente não é bem o termo. A alma passa algum tempo em estado de perturbação."
>
> "A perturbação que se segue à separação da alma e do corpo é do mesmo grau e da mesma duração para todos os Espíritos?
>
> Não; depende da elevação de cada um. Aquele que já está purificado, se reconhece quase imediatamente, pois que se libertou da matéria antes que cessasse a vida do corpo, enquanto que o homem carnal, aquele cuja consciência ainda não está pura, guarda por muito mais tempo a impressão da matéria."

A hipocrisia que surge como efeito desse comportamento não consiste em apenas enganar conscientemente alguém a respeito da nossa identidade, ela também está presente no fato de não fazermos conexão com quem somos realmente, com a realidade individual de cada um.

Ao longo da vida adotamos o comportamento de fazer de conta que somos quem pensávamos e desejávamos ser. Ao morrer tomamos contato com os traços ignorados e não os identificamos, demoramos a identificá-los. Hipocrisia causa doença mental do lado de cá. Ao viver na Terra uma vida falsa a respeito das emoções, não temos como fugir delas do lado de cá.

Não seria exagero dizer que, em muitos casos, a falta da memória é uma proteção, um amortecedor para que a vida mental da pessoa vá se acostumando, paulatinamente, a reconhecer a si mesma.

Os quadros são muitos cruéis, doutor Inácio. Quando se começa a retomar a memória, o desequilibro é inevitável.

— Manoel trouxe considerações muito apropriadas. Quem deseja curar o medo de ser quem é, vai ter de pedir ajuda para identificar sua sombra interior e lapidar a sua autenticidade. Destaco na fala desse trabalhador a honestidade emocional como caminho de superação do medo e a perda da falsa autoimagem.

Vamos para o segundo item que, aliás, é o tópico central de nosso encontro. Quem deseja falar algo sobre o medo de perder os relacionamentos tóxicos?

— Eu, doutor Inácio.

— Você, Carminha? Não vai querer me abraçar novamente, vai?

— Talvez, doutor, pois é sempre uma alegria poder receber o seu carinho e a sua atenção.

— É, já vi que saio casado daqui hoje – brincou doutor Inácio, provocando mais risos entre todos.

— Doutor, o senhor realmente tem razão ao afirmar que há o medo de se perder os relacionamentos tóxicos. Parece ser mesmo um drama no planeta. Está tão difícil amar que, quando alguém consegue um relacionamento, prefere mantê-lo mesmo que em condições tóxicas, para não perder os ganhos secundários.

Com isso, a essência de um relacionamento amoroso, que deveria ser tecida com carinho, respeito e amor, sucumbe aos vícios da convivência repleta de chantagens emocionais realizadas por meio da manipulação, do controle, das ameaças e de vários golpes morais que abrem feridas emocionais profundas e envenenam a convivência.

Não ser amado é uma grande prova para muitos corações no mundo físico e aqui em nosso plano de vida. Amar e ser amado são estradas do aprimoramento que esperam a todos nós no aprendizado longo da vida, por isso todos almejam se realizar nessa área.

O medo da solidão, o constrangimento que sentimos por ficar solteiros, a desvalorização social de uma pessoa que não se casa e a excessiva importância que é dada ao casamento são crenças endurecidas na vida mental em todo mundo.

Nesse contexto, muitas pessoas pensam ser preferível manter um relacionamento envenenado a ter de perder vantagens financeiras, sociais e outras tantas. Nessas uniões, a mentira e o interesse pessoal tomam o lugar do amor. E tudo isso por quê? Para suprirem a dilacerante insuficiência de afeto.

Mas, na vida, ninguém foge de si mesmo. Todos os dias, atendemos casos sofridos de desvalorização pessoal, apego e dor afetiva. Para o medo de olhar para nossa pobreza de afeição só existe uma saída: a construção da autoestima. Pai João tem me ensinado muito sobre isso e já chegou a destinar ao mundo físico um livro[1] sobre nossos aprendizados no assunto. É o que tenho para propor como projeto de cura. Espero ter sido útil.

— Suas considerações estão muito sintonizadas e aprimoradas, Carminha. Depois de ouvir você falar sobre o tema, acho que vou pensar com mais seriedade sobre me casar — comentou doutro Inácio, provocando mais risos.

---

[1] *Abraço de Pai João*, Wanderley Oliveira, Editora Dufaux.

Realmente temos que destacar em sua fala o valor da estima pessoal como remédio salutar para a superação da carência. Termos a coragem de nos aceitar e nos enfrentar, superando as limitações e desenvolvendo as qualidades adormecidas, é um caminho de fortalecimento e conquista essencial para vencer a insegurança das perdas decorrentes dos ganhos secundários na convivência. E vejam bem, sem superar o primeiro medo, o de aceitar o eu real, não conseguimos tomar contato com os valores adormecidos na alma, e sem esse contato, não adquirimos autoestima para superar nossas carências.

Muito bem! E quem gostaria de falar sobre o medo da morte?

— Doutor Inácio, eu tenho umas 20 perguntas sobre isso, e não me atreveria a falar qualquer coisa sem antes obter essas respostas – manifestou um jovem assistente.

— Como já foi orientado, guarde-as e use como pesquisa, pois serão muito úteis.

— Certamente. Nesse caso, se o senhor prefere não dar respostas, eu poderia arriscar a falar algo, mesmo com tantas dúvidas?

— A palavra está aberta a quem desejar. Todos os que estão falando certamente têm mais dúvidas do que respostas. Estamos aqui em aprendizado, pelo menos, é assim que me sinto.

— Então vamos lá! Vou arriscar. Eu coopero nos setores de recepção no subsolo da Casa da Piedade, um lugar de muitas dores e loucura. Já observei que os pacientes que passam por lá e que apresentam alguma calmaria são os que cultivam a fé e guardam a consciência em paz. Era só isso que queria dizer.

— Gostei muito da sua participação, meu jovem. Disse muito mais do que possa imaginar. Qual é o seu nome?

— Sou o José, do setor de higiene na recepção.

— Você conseguiria nos explicar por que os pacientes que têm fé e a consciência em paz vão parar em um lugar com tanta dor e loucura?

— Bom, há vários motivos, doutor, mas um dos principais é o desencarne por acidentes. A morte trágica costuma ser uma perturbação grave decorrente dos traumas mentais. Ocorre uma partida muito rápida, uma mudança brusca de planos de vida, seguida de impactos pavorosos, e isso traz um período longo de adaptação.

Em alguns casos, são pessoas boas, de fé robusta e consciência em paz, mas ainda assim passam por momentos de muita dor e desorientação. Entretanto, um fato é bem nítido: os que apresentam essas qualidades, seja em que circunstância for que tenham desencarnado, são os que mais rapidamente se recuperam.

Eu acredito que só mesmo uma fé desenvolvida e a consciência tranquila podem reduzir o medo da morte, tanto para quem ainda está no corpo físico quanto para os que aqui chegam. É o que observo trabalhando, e também o que vivenciei na minha experiência no corpo físico.

— José, você foi muito feliz na sua participação. De fato, o medo da morte precisa de um antídoto que pode ser encontrado na fé, esse sentimento que sustenta no coração a certeza de que nada pode interromper a caminhada da alma na direção da perfeição. Tomar contato com esse sentimento é sentir a alegria de viver com prazer e ser amparado por um ideal consolador.

Quando a consciência nutrida pela leveza de seus atos se alia a esse sentimento, a fé ganha proporções incalculáveis. O medo de morrer extingue-se, ou pelo menos se reduz a proporções menos penosas.

Vejo que acertei ao apostar na didática de fazer-lhes perguntas. Vocês se saíram muito bem. E não poderia ser diferente, porque foram para o trabalho antes do curso, que assume um papel complementar. Aprenderam muito mais realizando do que se ficassem só estudando. Nossos conceitos nesse curso vão servir apenas para que organizem melhor suas ideias.

Pai João, creio que por hoje é só, pois ainda teremos mais nove encontros com outros temas. Podemos ficar por aqui? Tenho de voltar ao trabalho.

— Doutor Inácio, a sua apresentação foi maravilhosa e sua discussão, rápida e direta. Todos nós aprendemos muito. Receba nossa gratidão e convidamos a todos para estar conosco amanhã no mesmo horário. Ainda teremos muitos dias com doutor Inácio para que ele possa ampliar nossos conhecimentos e nossa experiência.

Após uma prece realizada em conjunto, todos se despediram e foram para suas atividades de rotina.

Um pequeno grupo ainda ficou no salão, composto por Carminha, doutora Sandra, Demétrius, Sabrina, seu pai Humberto e eu.

Foi Sabrina que puxou o assunto:

— Estou sem palavras depois desse encontro. Quero aproveitar a ocasião para agradecer com minha alma a bênção do amparo que recebi e ainda recebo de vocês, especialmente de meu paizinho. Logo o dia vai raiar e vou retornar ao corpo, mas, antes, quero ter a honra de dar um beijo no rosto de cada um de vocês, dizendo que a minha gratidão ultrapassa a eternidade.

— Faça isso, minha filha – falou Humberto com carinho. A gratidão é um tesouro que une nosso coração às leis poderosas e amplia ainda mais as bênçãos dos nossos caminhos.

— Para o senhor, Pai João, eu não tenho nem palavras! Fico muito emocionada só de olhar nos seus olhos. Abrace-me, Pai querido, e dê-me sua bênção.

— Receba minha bênção, *fia* de Deus, e retorna em paz ao templo do seu corpo.

Após o abraço de Sabrina, ela ainda beijou seu pai e todos regressaram aos seus afazeres. Demétrius e a doutora Sandra voltaram na companhia da jovem. Humberto e Carminha foram repousar por algumas horas.

Cheguei até o vitral na sala de estudos e de lá eu podia ver a avenida Afonso Pena. Em poucos minutos pude perceber Sabrina, Demétrius e doutora Sandra, ainda desdobrados, de regresso ao lar. Eles atravessaram a avenida em frente à prefeitura e, sob a intervenção dos benfeitores que os acompanhavam, após alguns passos na bela avenida, desapareceram, deixando um rastro de luz.

O abraço de Sabrina deixou-me em profundo estado de alegria na alma. Quem visse essa moça há pouco mais de doze meses não diria que é a mesma pessoa. Ansiosa, sobrecarregada e esgotada por um circuito de ansiedade que consumia sua vida. Sua existência física estava por um fio; porém, a bondade celeste nunca nos deixa órfãos. Seu pai, Humberto, foi o veículo da misericórdia celeste em favor das lutas da filha.

Além do amor de muitos que a ajudaram, ninguém pode desmerecer o esforço gigante e exemplar da jovem Sabrina, que saiu do jugo da dependência e do medo para um enfrentamento sadio e libertador diante de suas próprias sombras interiores. Ela abriu mãos dos ganhos secundários que eram, em verdade, pura fantasia. Se algum ganho real ela tinha era o fato de não ter de lidar sozinha com sua sobrevivência, algo que, diante dos descuidos do marido desempregado, já não era mais uma vantagem, nem pela companhia dele e muito menos pelo cumprimento do dever de pai e esposo.

Sabrina teve a coragem de olhar para sua carência. Com a orientação da doutora Sandra, de Demétrius e de outros corações, ela enxergou a si mesma e aceitou o desafio de vencer as batalhas nas quais se encontrava muito acomodada.

Ainda no vitral da sala de estudos, olhei para o topo da Serra do Curral em profunda meditação. Logo amanheceria. E lá estavam pontos luminosos em tons de verde e azul, de uma ponta à outra da serra, como elos de uma corrente construída por várias silhuetas que lembravam um ser humano comum. Eram os engenheiros siderais, perfeitamente visíveis para mim naquele momento. São os anjos do Senhor que todas nas manhãs, de mãos dadas, por volta das cinco horas, se reuniam em oração para abençoar a cidade de Belo Horizonte, derramando sobre ela os mantos da coragem, da fé e da esperança, para que um novo dia repleto de paz pudesse alcançar o coração de cada habitante desse celeiro de progresso e conquistas no coração das Minas Gerais.

ENTREVISTA COM PAI JOÃO

1) **O medo é uma emoção que no reino animal foi desenvolvida para o instinto de sobrevivência e preservação. Por que no reino humano ele tomou uma conotação tão negativa e prejudicial?**

Considerando o sistema das emoções humanas como um tesouro que precisou de bilhões de anos para ser estruturado, nada mais justo que, ao atingir a fase racional, o homem se tornasse responsável pelo seu patrimônio. Deus permitiu que, por meio das escolhas, ele fizesse sua trajetória pessoal. Foi assim que o medo se tornou uma emoção nociva e paralisante ao ser orientada pelo egoísmo e pelo apego. E nas experiências do apego o homem aumentou suas chances de temer a perda e, principalmente, o interesse e a ganância alheias.

À medida que for desenvolvendo seu senso moral e emocional, ele criará uma nova percepção dessa emoção e a usará como uma rica colaboradora de sua caminhada.

2) **Até que ponto a incapacidade de autodefesa impede a superação do medo?**

A incapacidade de autodefesa é um sintoma claro de quem não lida bem com a emoção do medo. É natural que quem não sabe lidar com ele, não saiba também se defender. E essa incapacitação é quase um sinônimo da não superação. Quem não consegue cuidar a contento de si próprio, na maioria das vezes também não supera os obstáculos impostos por esse sentimento. Poderíamos mesmo dizer que um dos traços mais evidentes da ausência de autodefesa é a prisão persistente a temores muito solidificados na mente humana.

3) **Por que o medo nos leva a procurar a causa dos nossos problemas nas circunstâncias que nos cercam?**

Porque é mais fácil e menos doloroso encontrar essas causas do lado de fora. Com o passar do tempo, ao longo de várias vidas corporais, a mente articula ilusões a respeito das questões emocionais que viciam a criatura a entender suas necessidades da forma que melhor lhe aprouver. Sem avaliar com profundidade as crenças que deram origem a esses medos, tendemos a encontrar fora de nós uma representação da nossa luta interior.

4) **Se percebemos que uma pessoa está fazendo algo errado, por que temos medo de falar a verdade e mostrar o certo?**

Tema profundo esse! São vários os motivos. No entanto, o mais importante é ter ciência da proposta luminosa do medo, que é a de nos preparar para um evento, a fim de usá-lo apropriadamente. Se você tem algo a dizer a alguém e está com receio, faça uma preparação por meio da meditação honesta e sadia.

Outras vezes, o que esse sentimento quer nos mostrar é que talvez não seja o momento certo de dizer ou esta não seja uma boa estratégia. De qualquer forma, a presença dele é um indício de que precisamos nos proteger de algo nessa intenção de mostrar ao outro o que é certo ou errado.

5) **O medo tem alguma coisa a ver com o fato de se gostar de manter as coisas sempre em ordem e exagerar na arrumação?**

Tem sim. Pessoas controladoras fazem muito isso. Tentam arrumar as coisas por fora para terem a sensação de que estão arrumando por dentro. Mas também há muito medo de se realizar essa arrumação interna e perder algo que, na sua concepção, é um ganho. Esse ganho é quase sempre ilusório, diga-se de passagem; no entanto, essa não é a única causa dessa atitude de exagerar na arrumação de tudo.

6) **O medo pode ser tão grande que nos impede de pensar nele?**

É o que mais acontece. Por essa razão, os serviços terapêuticos são tão importantes, pois eles nos ajudam a realizar encontros que, se deixarmos por nossa conta, vamos adiando eternamente.

7) **Como reconhecer o medo matriz, aquele que trava tudo em nossa vida, em meio a tantos medos secundários?**

Mergulhando no autoconhecimento. Nossa vida mental tem capas, capas e mais capas. Vamos tirar uma e enxergar de um jeito, vamos tirar outra e a percepção amplia, e assim será com o passar do tempo. O importante é realizar esse mergulho continuamente.

8) **Uma vez identificado o medo matriz, o que fazer para superá-lo sem depender de mudanças externas que nunca acontecem?**

Nenhuma mudança externa é capaz de impedir por muito tempo a mudança interior, principalmente porque, quando se faz descobertas essenciais, elas partem do fundo da alma e da vida psíquica. Quando, de fato, se trava um contato consciente e libertador com o medo original, a energia dessa transformação age decisivamente nos fatos externos, alterando-os ou até eliminando-os. É incrível a força de uma reforma interior legítima e verdadeira.

Ninguém tem que superar seu medo, e sim aprender com ele.

9) **Se o medo se aloja no chacra solar, por que a ansiedade e a angústia que ele gera são sentidas no cardíaco?**

O medo não se aloja no chacra solar. Neste chacra, na verdade, está o sentimento que o origina: a raiva. Essa relação entre chacras não é estática e esse caso é apenas um em milhões. Dependendo de cada pessoa, os efeitos do solar serão percebidos em vários chacras como o frontal, o esplênico e o genésico. Tudo é muito relativo e o perispírito reage como o corpo físico, com uma fisiologia própria e muito diversa.

10) **Se o medo provoca situações imaginárias de perigo e outros problemas, como saber diferenciar uma situação real da fictícia?**

Nestas situações, são necessários o discernimento, o autoconhecimento e, acima de tudo, a maturidade emocional.

11) **Como construir o estado de honestidade emocional indicado para superar o medo de assumirmos nosso "eu real"?**

Devemos desejar ardentemente a verdade, persistindo no bem e realizando a corajosa viagem para dentro de si próprio. Ninguém será honesto emocionalmente se não se conhecer na arte do amor e do bem-querer.

12) **Por que os nossos erros do passado nos predispõem a reencarnar com o medo como principal desafio?**

Por causa da longa trajetória de apego e egoísmo. O medo atormentador de hoje é uma prisão na qual nos colocamos e jogamos a chave da porta para bem longe de nosso alcance. A reencarnação é a chance de recuperar essa chave e construir nossa libertação.

13) **Que influência o perdão tem sobre o medo?**

Quem perdoa a si mesmo, se aceita. Quem perdoa o outro, se liberta. Quem se aceita, fez o sublime mergulho interior na descoberta de suas capas de hipocrisia. Quem se liberta da ofensa alheia, desenvolve coragem para caminhar com mais vigília sobre suas próprias dificuldades.

Perdoar é um ato de coragem e um sintoma claro de quem aprendeu a lidar com as sombrias forças tóxicas dentro de si e não deseja mais carregá-las.

14) Qual a vinculação de nossas expectativas com o medo que sentimos?

Expectativa é apego. Quem espera muito tem apego a resultados e formas imaginárias de construir suas relações. O apego é a origem dos temores.

15) Se nossos pensamentos e comportamentos se antecipam a toda resposta por se fundamentarem no medo, que garantias temos de que tomamos as decisões certas?

Não existem decisões certas, existem experiências e aprendizados. Ninguém consegue fazer matemática com emoções. Não existem garantias, existem riscos, possibilidades e escolhas.

16) Ter medo de tudo pode nos levar a sair falidos da reencarnação?

Pode nos levar a sermos menos produtivos do que deveríamos. Não foi o que aconteceu àquele homem que enterrou seu único talento na parábola contada pelo Cristo?

17) Se o medo é um mecanismo de defesa, há como evitá-lo e procurar outros meios?

O medo é um mecanismo instintivo de proteção. Ele só se torna um mecanismo neurótico de defesa quando o usamos por tempo mais longo que o necessário. Quando chega a hora de enfrentá-lo, a mente despeja todo um conjunto de vivências em torno das quais ninguém escapa.

18) Todos os medos que sentimos são imaginários? Temos que ter medo sempre?

Os medos imaginários têm diversas causas mentais que algumas vezes coincidem com os reais. Ninguém vive sem medo, pois ele é uma herança divina. É claro que estamos falando da sua proposta de luz, que é sinalizar dentro da criatura algo que ela precisa entender e refletir, realizar ou construir.

19) **Em que circunstâncias o medo é real e necessário?**

Nos casos de proteção do corpo material e da preservação da consciência.

20) **Quando Jesus disse "não resistais ao mal"[1], Ele poderia estar se referindo ao medo? E o que seria "não resistir ao medo"?**

Qualquer resistência na vida psíquica é estímulo para dilatar a força daquilo a que se resiste. Entre outras coisas, Jesus poderia estar falando também do medo.

Quem resiste a esse sentimento traz efeitos nocivos para sua caminhada. E resistir a ele significa não entrar em entendimento com sua mensagem, com sua função luminosa.

21) **Se ignorarmos o medo, ele pode enfraquecer?**

Em algumas situações, desfocar de certos medos pode ter uma função terapêutica, desde que isso signifique um ato consciente, fruto de uma escolha e com um objetivo claro.

22) **Autoconhecimento ajuda na superação do medo?**

É o primeiro passo para entender as suas razões.

23) **São os pensamentos e as emoções que geram o medo, ou é o contrário?**

O medo é emoção primária que não depende de outras para existir. Quase sempre, o que ocorre é surgirem pensamentos e outras emoções a partir dos medos, mas nada impede que outras emoções o provoque e o mantenha ativo.

---

[1] Mateus, 5:39.

24) **Como sair da prisão do medo de que as coisas ruins do passado aconteçam de novo e as boas não venham a se repetir?**

Devemos entender qual a crença geradora desse tipo de pensamento. O medo de coisas ruins traz uma mensagem muito importante sobre crenças de onipotência. Ermance Dufaux fez paralelos interessantes entre medos e crenças no livro *Emoções que curam*.

25) **O medo pode distorcer a realidade que nos cerca? Como?**

Ele pode ser a base de muitas doenças psíquicas graves e pode levar, pouco a pouco, a dissociar o indivíduo da realidade. Quem acredite demais que vai perder algo constrói todas as condições mentais para que isso aconteça. E este é um simples exemplo do poder do medo.

26) **No capítulo 13 do livro Escutando sentimentos, a autora espiritual Ermance Dufaux nos diz:**

> "Fomos treinados para ter medo de pensar bem sobre nós ou sobre a capacidade de gerenciar nossos caminhos evolutivos. Fomos treinados para atender a expectativas. Até mesmo em nossos grupos de amor cristão, com assídua frequência, é enaltecida a dependência e, algumas vezes, até a submissão."

Poderia comentar esse trecho?

Este é um dos frutos das reencarnações. É aquela prisão em que nos colocamos e jogamos a chave para bem longe. A hora, porém, nesse momento favorável da regeneração, nos convida a pensar bem sobre nós e a termos amor a nós mesmos, que é o melhor remédio para esses hábitos derrotistas a que se refere Ermance Dufaux. Se o egoísmo e o apego geraram o medo, o autoamor é coragem e força para caminhar. Quem se ama, desapega e passa. Quem se ama, não sente falta de nada, pois tem a si próprio, e isso basta na lei divina.

27) **Neste mesmo capítulo, a autora apresenta a autonomia como maior defesa da alma. Essa autonomia pode nos proteger do medo?**

A autonomia é a única forma de nos proteger porque ela significa, sobretudo, a capacidade de gerenciar bem os sentimentos, entre eles, o medo.

28) **Se o medo é uma reação natural e necessária, o que o transforma em problema em nossa vida?**

Não usar a inteligência para identificar o que ele quer nos dizer a respeito daquilo que tememos.

29) **O medo que nos impede de progredir pode ter raízes na atualidade?**

É perfeitamente possível que alguns medos tenham origem nas vivências presentes, especialmente os medos traumáticos.

30) **Sentimentos como a inveja e a revolta podem fomentá-lo?**

Sim. A inveja e a revolta podem alimentar medos infernais.

31) **O bem que desejamos aos que amamos pode provocar o medo em nossas vidas?**

Se esse bem vier carregado de profundos anseios egoísticos, é natural que traga dor e tormenta com base no medo.

32) **Qual o lado positivo dos seguintes medos: do fracasso; da inutilidade; da rejeição; do abandono; da perda; da submissão; do erro e de falar em público?**

No medo do fracasso, a criatura pode entender que tem um talento a desenvolver.

No medo da inutilidade, há a mensagem de que você é capaz de realizar muito.

No medo da rejeição, está o sinal para que você se procure mais no autoamor.

No medo do abandono, está um convite para aproximação de si mesmo com mais cuidado e acolhimento.

No medo da perda, está um sintoma ardente de que há presença de apego; portanto, é hora de soltar.

No medo da submissão, está o indício de que é hora de virar a página da obediência para a autogerência.

No medo do erro, está o chamado para realizar um preparo mais intenso diante do que se pretende realizar.

No medo de falar em público, pode-se encontrar o convite para que a pessoa se desapegue de máscaras e assuma suas fragilidades como algo não tão nocivo a si mesmo.

33) **Por que no processo de renovação moral nossas crenças são tão sacudidas a ponto de termos medo e abandonarmos a reforma íntima?**

Crenças são os pilares da vida mental. Mexer nelas é como mexer no alicerce de uma casa a pretexto de realizar uma reforma. Derrubar paredes, pintar, rebocar e mudar outras partes da casa é fácil, mas mexer no alicerce exige muita coragem e perícia. Quem tem medo de mexer em suas crenças não está abandonando a reforma íntima; na verdade, não quer fazê-la.

34) **As dificuldades que a Terra vive, atualmente, são tão graves que não dá para deixar de sentir medo de não ter como trabalhar e sobreviver. O que fazer?**

Viver assim mesmo. Não há outra alternativa. A lição está nesse ato de viver em pleno mundo expiatório.

35) **Há tanta instabilidade na vida do ser humano que, diante das possibilidades de crescimento, ficamos com medo. Como agir diante disso?**

Aja com medo, mas aja. Realize!

36) **O envelhecimento é uma fase da vida que traz medo a muitas pessoas. Como superá-lo?**

Medo não é para ser superado. E sem ele ninguém envelhece. Devemos envelhecer com amor, aprendendo o que essa idade tem a nos ensinar.

37) **Com reagir diante do medo causado por traumas reais?**

Deve-se buscar tratamentos especializados com desejo sincero de se libertar desses traumas.

FICHA TÉCNICA

Título
Um encontro com Pai João

Autor
Wanderley Oliveira
pelo espírito Pai João de Angola

Edição
1ª / 1ª reimpressão

ISBN
978-85-63365-76-7

Projeto Gráfico e diagramação
Formata Produções Editoriais

Ilustração
Amauri Ribeiro dos Santos

Capa
Lucas William

Preparação de originais
Maria José da Costa e Nilma Helena

Revisão da diagramação
Douglas Nunes Brandão e
Nilma Helena

Revisão ortográfica
Juliana Biggi e Nilma Helena

Assistente Editorial
Douglas Nunes Brandão

Composição
Abobe Indesign CC 2015
(plataforma Windows 10)

Páginas
223

Tamanho
Miolo: 16 x 23 cm
Capa: 47 x 23 cm

Tipografia
Texto: Bell MT, 13 pts
Títulos: Viner Hand ITC, 33 pts

Margens
25 mm (superior, inferior, interna e externa)

Mancha
110 mm x 180 mm

Papel
Miolo: Pólen 80g/m²
Capa: Supremo 250g/m²

Cores
Miolo: 1x1
Capa: 4x0

Gráfica
AtualDV (Curitiba/PR)

Acabamento
Brochura, costurados e colados
Capa com laminação Soft Touch

Tiragem
Sob Demanda

Produção
Abril/2022

NOSSAS PUBLICAÇÕES

SÉRIE AUTOCONHECIMENTO

DEPRESSÃO E AUTOCONHECIMENTO - COMO EXTRAIR PRECIOSAS LIÇÕES DESSA DOR

A proposta de tratamento complementar da depressão aqui abordada tem como foco a educação para lidar com nossa dor, que muito antes de ser mental, é moral.

Wanderley Oliveira
16 x 23 cm
235 páginas

ebook

FALA, PRETO VELHO

Um roteiro de autoproteção energética através do autoamor. Os textos aqui desenvolvidos permitem construir nossa proteção interior por meio de condutas amorosas e posturas mentais positivas, para criação de um ambiente energético protetor ao redor de nossas vidas.

Wanderley Oliveira | Pai João de Angola
16 x 23 cm
291 páginas

ebook

QUAL A MEDIDA DO SEU AMOR?

Propõe revermos nossa forma de amar, pois estamos mais próximos de uma visão particularista do que de uma vivência autêntica desse sentimento. Superar limites, cultivar relações saudáveis e vencer barreiras emocionais são alguns dos exercícios na construção desse novo olhar.

Wanderley Oliveira | Ermance Dufaux
16 x 23 cm
208 páginas

ebook

APAIXONE-SE POR VOCÊ

Você já ouviu alguém dizer para outra pessoa: "minha vida é você"?
Enquanto o eixo de sua sustentação psicológica for outra pessoa, a sua vida estará sempre ameaçada, pois o medo da perda vai rondar seus passos a cada minuto.

Wanderley Oliveira
16 x 23 cm
152 páginas

ebook

A VERDADE ALÉM DAS APARÊNCIAS - O UNIVERSO INTERIOR

Liberte-se da ansiedade e da angústia, direcionando o seu espírito para o único tempo que realmente importa: o presente. Nele você pode construir um novo olhar, amplo e consciente, que levará você a enxergar a verdade além das aparências.

Samuel Gomes
16 x 23 cm
272 páginas

DESCOMPLIQUE, SEJA LEVE

Um livro de mensagens para apoiar sua caminhada na aquisição de uma vida mais suave e rica de alegrias na convivência.

Wanderley Oliveira
16 x 23 cm
238 páginas

7 CAMINHOS PARA O AUTOAMOR

O tema central dessa obra é o autoamor que, na concepção dos educadores espirituais, tem na autoestima o campo elementar para seu desenvolvimento. O autoamor é algo inato, herança divina, enquanto a autoestima é o serviço laborioso e paciente de resgatar essa força interior, ao longo do caminho de volta à casa do Pai.

Wanderley Oliveira | Pai João de Angola
16 x 23 cm
272 páginas

A REDENÇÃO DE UM EXILADO

A obra traz informações sobre a formação da civilização, nos primórdios da Terra, que contou com a ajuda do exílio de milhões de espíritos mandados para cá para conquistar sua recuperação moral e auxiliar no desenvolvimento das raças e da civilização. É uma narrativa do Apóstolo Lucas, que foi um desses enviados, e que venceu suas dificuldades íntimas para seguir no trabalho orientado pelo Cristo.

Samuel Gomes | Lucas
16 x 23 cm
368 páginas

AMOROSIDADE - A CURA DA FERIDA DO ABANDONO

Uma das mais conhecidas prisões emocionais na atualidade é a dor do abandono, a sensação de desamparo. Essa lesão na alma responde por larga soma de aflições em todos os continentes do mundo. Não há quem não esteja carente de ser protegido e acolhido, amado e incentivado nas lutas de cada dia.

Wanderley Oliveira | Ermance Dufaux
16 x 23 cm
300 páginas

MEDIUNIDADE - A CURA DA FERIDA DA FRAGILIDADE

Ermance Dufaux vem tratando sobre as feridas evolutivas da humanidade. A ferida da fragilidade é um dos traços mais marcantes dos aprendizes da escola terrena. Uma acentuada desconexão com o patrimônio da fé e do autoamor, os verdadeiros poderes da alma.

Wanderley Oliveira | Ermance Dufaux
16 x 23 cm
235 páginas

CONECTE-SE A VOCÊ - O ENCONTRO DE UMA NOVA MENTALIDADE QUE TRANSFORMARÁ A SUA VIDA

Este livro vai te estimular na busca de quem você é verdadeiramente. Com leitura de fácil assimilação, ele é uma viagem a um país desconhecido que, pouco a pouco, revela características e peculiaridades que o ajudarão a encontrar novos caminhos. Para esta viagem, você deve estar conectado a sua essência. A partir daí, tudo que você fizer o levará ao encontro do propósito que Deus estabeleceu para sua vida espiritual.

Rodrigo Ferretti
16 x 23 cm
256 páginas

APOCALIPSE SEGUNDO A ESPIRITUALIDADE - O DESPERTAR DE UMA NOVA CONSCIÊNCIA

Num curso realizado em uma colônia do plano espiritual, o livro Apocalipse, de João Evangelista, é estudado de forma dinâmica e de fácil entendimento, desvendando a simbologia das figuras místicas sob o enfoque do autoconhecimento.

Samuel Gomes
16 x 23 cm
313 páginas

VIDAS PASSADAS E HOMOSSEXUALIDADE - CAMINHOS QUE LEVAM À HARMONIA

"Vidas Passadas e Homossexualidade" é, antes de tudo, um livro sobre o autoconhecimento. E, mais que uma obra que trada do uso prático da Terapia de Regressão às Vidas Passadas . Em um conjunto de casos, ricamente descritos, o leitor poderá compreender a relação de sua atual encarnação com aquelas que ele viveu em vidas passadas. O obra mostra que absolutamente tudo está interligado. Se o leitor não encontra respostas sobre as suas buscas psicológicas nesta vida, ele as encontrará conhecendo suas vidas passadas.
Samuel Gomes

Dra. Solange Cigagna
16 x 23 cm
364 páginas

SÉRIE CONSCIÊNCIA DESPERTA

SAIA DO CONTROLE - UM DIÁLOGO TERAPEUTICO E LIBERTADOR ENTRE A MENTE E A CONSCIÊNCIA

Agimos de forma instintiva por não saber observar os pensamentos e emoções que direcionam nossas ações de forma condicionada. Por meio de uma observação atenta e consciente, identificando o domínio da mente em nossas vidas, passamos a viver conscientes das forças internas que nos regem.

Rossano Sobrinho
16 x 23 cm
268 páginas

SÉRIE CULTO NO LAR

VIBRAÇÕES DE PAZ EM FAMÍLIA

Quando a família se reúne para orar, ou mesmo um de seus componetes, o ambiente do lar melhora muito. As preces são emissões poderosas de energia que promovem a iluminação interior. A oração em família traz paz e fortalece, protege e ampara a cada um que se prepara para a jornada terrena rumo à superação de todos os desafios.

Wanderley Oliveira | Ermance Dufaux
16 x 23 cm
212 páginas

JESUS - A INSPIRAÇÃO DAS RELAÇÕES LUMINOSAS

Após o sucesso de "Emoções que curam", o espírito Ermance Dufaux retorna com um novo livro baseado nos ensinamentos do Cristo, destacando que o autoamor é a garantia mais sólida para a construção de relacionamentos luminosos.

Wanderley Oliveira | Ermance Dufaux
16 x 23 cm
304 páginas

REGENERAÇÃO - EM HARMONIA COM O PAI

Nos dias em que a Terra passa por transformações fundamentais, ampliando suas condições na direção de se tornar um mundo regenerado, é necessário desenvolvermos uma harmonia inabalável para aproveitar as lições que esses dias nos proporcionam por meio das nossas decisões e das nossas escolhas, [...].

Samuel Gomes | Diversos Espíritos
16 x 23 cm
223 páginas

PRECES ESPÍRITAS

Porque e como orar?
O modo como oramos influi no resultado de nossas preces?
Existe um jeito certo de fazer a oração?
Allan Kardec nos afirma que *"não há fórmula absoluta para a prece"*, mas o próprio Evangelho nos orienta que *"quando oramos, devemos entrar no nosso aposento interno do coração e, fechando a porta, busquemos Deus que habita em nós; e Ele, que vê nossa mais secreta realidade espiritual, nos amparará em todas as necessidades. Ao orarmos, evitemos as repetições de orações realizadas da boca para fora, como muitos que pensam que por muito falarem serão ouvidos. Oremos a Deus em espírito e verdade porque nosso Pai sabe o que nos é necessário, antes mesmo de pedirmos ".*
(Mateus 6:5 a 8)

Allan Kardec
16 x 23 cm
145 páginas

O EVANGELHO SEGUNDO O ESPIRITISMO

O Evangelho de Jesus Cristo foi levado ao mundo por meio de seus discípulos, logo após o desencarne do Mestre na cruz. Mas o Evangelho de Cristo foi, muitas vezes, alterado e deturpado através de inúmeras edições e traduções do chamado Novo Testamento. Agora, a Doutrina Espírita, por meio de um trabalho sob a óptica dos espíritos e de Allan Kardec, vem jogar luz sobre a verdadeira face de Cristo e seus ensinamentos de perdão, caridade e amor.

Allan Kardec
16 x 23 cm
431 páginas

SÉRIE DESAFIOS DA CONVIVÊNCIA

QUEM SABE PODE MUITO. QUEM AMA PODE MAIS

A lição central desta obra é mostrar que o conhecimento nem sempre é suficiente para garantir a presença do amor nas relações. "Estar informado é a primeira etapa. Ser transformado é a etapa da maioridade." - Eurípedes Barsanulfo.

Wanderley Oliveira | José Mário
16 x 23 cm
312 páginas

QUEM PERDOA LIBERTA - ROMPER OS FIOS DA MÁGOA ATRAVÉS DA MISERICÓRDIA

Continuação do livro "QUEM SABE PODE MUITO. QUEM AMA PODE MAIS" dando sequência à trilogia "Desafios da Convivência".

Wanderley Oliveira | José Mário
16 x 23 cm
320 páginas

SERVIDORES DA LUZ NA TRANSIÇÃO PLANETÁRIA

Nesta obra recebemos o convite para nos integrar nas fileiras dos Servidores da Luz, atuando de forma consciente diante dos desafios da transição planetária. Brilhante fechamento da trilogia.

Wanderley Oliveira | José Mário
14x21 cm
298 páginas

ebook

 SÉRIE **ESPÍRITOS DO BEM**

GUARDIÕES DO CARMA - A MISSÃO DOS EXUS NA TERRA

Pai João de Angola quebra com o preconceito criado em torno dos exus e mostra que a missão deles na Terra vai além do que conhecemos. Na verdade, eles atuam como guardiões do carma, nos ajudando nos principais aspectos de nossas vidas.

Wanderley Oliveira | Pai João de Angola
16 x 23 cm
288 páginas

ebook

GUARDIÃS DO AMOR - A MISSÃO DAS POMBAGIRAS NA TERRA

"São um exemplo de amor incondicional e de grandeza da alma. São mães dos deserdados e angustiados. São educadoras e desenvolvedoras do sagrado feminino, e nesse aspecto são capazes de ampliar, nos homens e nas mulheres, muitas conquistas que abrem portas para um mundo mais humanizado, [...]".

Wanderley Oliveira | Pai João de Angola
16 x 23 cm
232 páginas

ebook

GUARDIÕES DA VERDADE - NADA FICARÁ OCULTO

Neste momento de batalhas decisivas rumo aos tempos da regeneração, esta obra é um alerta que destaca a importância da autenticidade nas relações humanas e da conduta ética como bases para uma forma transparente de viver. A partir de agora, nada ficará oculto, pois a Verdade é o único caminho que aguarda a humanidade para diluir o mal e se estabelecer na realidade que rege o universo.

Wanderley Oliveira | Pai João de Angola
16 x 23 cm
236 páginas

ebook

SÉRIE ESTUDOS DOUTRINÁRIOS

ATITUDE DE AMOR

Opúsculo contendo a palestra "Atitude de Amor" de Bezerra de Menezes, o debate com Eurípedes Barsanulfo sobre o período da maioridade do Espiritismo e as orientações sobre o "movimento atitude de amor". Por uma efetiva renovação pela educação moral.

Wanderley Oliveira | Ermance Dufaux e Cícero Pereira
14 x 21 cm
94 páginas

SEARA BENDITA

Um convite à reflexão sobre a urgência de novas posturas e conceitos. As mudanças a adotar em favor da construção de um movimento social capaz de cooperar com eficácia na espiritualização da humanidade.

Wanderley Oliveira e Maria José Costa | Diversos Espíritos
14 x 21 cm
284 páginas

Gratuito em nosso site, somente em:

NOTÍCIAS DE CHICO

"Nesta obra, Chico Xavier afirma com seu otimismo natural que a Terra caminha para uma regeneração de acordo com os projetos de Jesus, a caracterizar-se pela tolerância humana recíproca e que precisamos fazer a nossa parte no concerto projetado pelo Orientador Maior, principalmente porque ainda não assumimos responsabilidades mais expressivas na sustentação das propostas elevadas que dizem respeito ao futuro do nosso planeta."

Samuel Gomes | Chico Xavier
16 x 23 cm
181 páginas

SÉRIE FAMÍLIA E ESPIRITUALIDADE

UM JOVEM OBSESSOR - A FORÇA DO AMOR NA REDENÇÃO ESPIRITUAL

Um jovem conta sua história, compartilhando seus problemas após a morte, falando sobre relacionamentos, sexo, drogas e, sobretudo, da força do amor na redenção espiritual.

Adriana Machado | Jefferson
16 x 23 cm
392 páginas

UM JOVEM MÉDIUM - CORAGEM E SUPERAÇÃO PELA FORÇA DA FÉ

A mediunidade é um canal de acesso às questões de vidas passadas que ainda precisam ser resolvidas. O livro conta a história do jovem Alexandre que, com sua mediunidade, se torna o intermediário entre as histórias de vidas passadas daqueles que o rodeiam tanto no plano físico quanto no plano espiritual. Surpresos com o dom mediúnico do menino, os pais, de formação Católica, se veem às voltas com as questões espirituais que o filho querido traz para o seio da família.

Adriana Machado | Ezequiel
16 x 23 cm
365 páginas

ebook

RECONSTRUA SUA FAMÍLIA - CONSIDERAÇÕES PARA O PÓS-PANDEMIA

Vivemos dias de definição, onde nada mais será como antes. Necessário redefinir e ampliar o conceito de família. Isso pode evitar muitos conflitos nas interações pessoais. O autoconhecimento seguido de reforma íntima será o único caminho para transformação do ser humano, das famílias, das sociedades e da humanidade.

Dr. Américo Canhoto
16 x 23 cm
237 páginas

ebook

 SÉRIE **HARMONIA INTERIOR**

LAÇOS DE AFETO - CAMINHOS DO AMOR NA CONVIVÊNCIA

Uma abordagem sobre a importância do afeto em nossos relacionamentos para o crescimento espiritual. São textos baseados no dia a dia de nossas experiências. Um estímulo ao aprendizado mais proveitoso e harmonioso na convivência humana.

Wanderley Oliveira | Ermance Dufaux
16 x 23 cm
312 páginas

ebook   **ESPANHOL**

MEREÇA SER FELIZ - SUPERANDO AS ILUSÕES DO ORGULHO

Um estudo psicológico sobre o orgulho e sua influência em nossa caminhada espiritual. Ermance Dufaux considera essa doença moral como um dos mais fortes obstáculos à nossa felicidade, porque nos leva à ilusão.

Wanderley Oliveira | Ermance Dufaux
16 x 23 cm
296 páginas

ebook   **ESPANHOL**

REFORMA ÍNTIMA SEM MARTÍRIO - AUTOTRANSFORMAÇÃO COM LEVEZA E ESPERANÇA

As ações em favor do aperfeiçoamento espiritual dependem de uma relação pacífica com nossas imperfeições. Como gerenciar a vida íntima sem adicionar o sofrimento e sem entrar em conflito consigo mesmo?

Wanderley Oliveira | Ermance Dufaux
16 x 23 cm
288 páginas

PRAZER DE VIVER - CONQUISTA DE QUEM CULTIVA A FÉ E A ESPERANÇA

Neste livro, Ermance Dufaux, com seus ensinos, nos auxilia a pensar caminhos para alcançar nossas metas existenciais, a fim de que as nossas reencarnações sejam melhor vividas e aproveitadas.

Wanderley Oliveira | Ermance Dufaux
16 x 23 cm
248 páginas

ESCUTANDO SENTIMENTOS - A ATITUDE DE AMAR-NOS COMO MERECEMOS

Ermance afirma que temos dado passos importantes no amor ao próximo, mas nem sempre sabemos como cuidar de nós, tratando-nos com culpas, medos e outros sentimentos que não colaboram para nossa felicidade.

Wanderley Oliveira | Ermance Dufaux
16 x 23 cm
256 páginas

DIFERENÇAS NÃO SÃO DEFEITOS - A RIQUEZA DA DIVERSIDADE NAS RELAÇÕES HUMANAS

Ninguém será exatamente como gostaríamos que fosse. Quando aprendemos a conviver bem com os diferentes e suas diferenças, a vida fica bem mais leve. Aprenda esse grande SEGREDO e conquiste sua liberdade pessoal.

Wanderley Oliveira | Ermance Dufaux
16 x 23 cm
248 páginas

EMOÇÕES QUE CURAM - CULPA, RAIVA E MEDO COMO FORÇAS DE LIBERTAÇÃO

Um convite para aceitarmos as emoções como forma terapêutica de viver, sintonizando o pensamento com a realidade e com o desenvolvimento da autoaceitação.

Wanderley Oliveira | Ermance Dufaux
16 x 23 cm
272 páginas

 SÉRIE REFLEXÕES DIÁRIAS

PARA SENTIR DEUS

Nos momentos atuais da humanidade sentimos extrema necessidade da presença de Deus. Ermance Dufaux resgata, para cada um, múltiplas formas de contato com Ele, de como senti-Lo em nossas vidas, nas circunstâncias que nos cercam e nos semelhantes que dividem conosco a jornada reencarnatória. Ver, ouvir e sentir Deus em tudo e em todos.

Wanderley Oliveira | Ermance Dufaux
11 x 15,5 cm
133 páginas
Somente ebook

LIÇÕES PARA O AUTOAMOR

Mensagens de estímulo na conquista do perdão, da aceitação e do amor a si mesmo. Um convite à maravilhosa jornada do autoconhecimento que nos conduzirá a tomar posse de nossa herança divina.

Wanderley Oliveira | Ermance Dufaux
11 x 15,5 cm
128 páginas

Somente ebook

RECEITAS PARA A ALMA

Mensagens de conforto e esperança, com pequenos lembretes sobre a aplicação do Evangelho para o dia a dia. Um conjunto de propostas que se constituem em verdadeiros remédios para nossas almas.

Wanderley Oliveira | Ermance Dufaux
11 x 15,5 cm
146 páginas

Somente ebook

SÉRIE REGENERAÇÃO

FUTURO ESPIRITUAL DA TERRA

As necessidades, as estruturas perispirituais e neuropsíquicas, o trabalho, o tempo, as características sociais e os próprios recursos de natureza material se tornarão bem mais sutis. O futuro já está em construção e André Luiz, através da psicografia de Samuel Gomes, conta como será o Futuro Espiritual da Terra.

Samuel Gomes | André Luiz
16 x 23 cm
344 páginas

XEQUE-MATE NAS SOMBRAS - A VITÓRIA DA LUZ

André Luiz traz notícias das atividades que as colônias espirituais, ao redor da Terra, estão realizando para resgatar os espíritos que se encontram perdidos nas trevas e conduzi-los a passar por um filtro de valores, seja para receberem recursos visando a melhorar suas qualidades morais – se tiverem condições de continuar no orbe – seja para encaminhá-los ao degredo planetário.

Samuel Gomes | André Luiz
16 x 23 cm
212 páginas

A DECISÃO - CRISTOS PLANETÁRIOS DEFINEM O FUTURO ESPIRITUAL DA TERRA

"Os Cristos Planetários do Sistema Solar e de outros sistemas se encontram para decidir sobre o futuro da Terra na sua fase de regeneração. Numa reunião que pode ser considerada, na atualidade, uma das mais importantes para a humanidade terrestre, Jesus faz um pronunciamento direto sobre as diretrizes estabelecidas por Ele para este período."

Samuel Gomes | André Luiz e Chico Xavier
16 x 23 cm
210 páginas

SÉRIE ROMANCE MEDIÚNICO

OS DRAGÕES - O DIAMANTE NO LODO NÃO DEIXA DE SER DIAMANTE

Um relato leve e comovente sobre nossos vínculos com os grupos de espíritos que integram as organizações do mal no submundo astral.

Wanderley Oliveira | Maria Modesto Cravo
16 x 23cm
522 páginas

LÍRIOS DE ESPERANÇA

Ermance Dufaux alerta os espíritas e lidadores do bem de um modo geral, para as responsabilidades urgentes da renovação interior e da prática do amor neste momento de transição evolutiva, através de novos modelos de relação, como orientam os benfeitores espirituais.

Wanderley Oliveira | Ermance Dufaux
16 x 23 cm
508 páginas

AMOR ALÉM DE TUDO

Regras para seguir e rótulos para sustentar. Até quando viveremos sob o peso dessas ilusões? Nessa obra reveladora, Dr. Inácio Ferreira nos convida a conhecer a verdade acima das aparências. Um novo caminho para aqueles que buscam respeito às diferenças e o AMOR ALÉM DE TUDO.

Wanderley Oliveira | Inácio Ferreira
16 x 23 cm
252 páginas

ABRAÇO DE PAI JOÃO

Pai João de Angola retorna com conceitos simples e práticos, sobre os problemas gerados pela carência afetiva. Um romance com casos repletos de lutas, desafios e superações. Esperança para que permaneçamos no processo de resgate das potências divinas de nosso espírito.

Wanderley Oliveira | Pai João de Angola
16 x 23 cm
224 páginas

UM ENCONTRO COM PAI JOÃO

A obra também fala do valor de uma terapia, da necessidade do autoconhecimento, dos tipos de casamentos programados antes do reencarne, dos processos obsessivos de variados graus e do amparo de Deus para nossas vidas por meio dos amigos espirituais e seus trabalhadores encarnados. Narra também em detalhes a dinâmica das atividades socorristas do centro espírita.

Wanderley Oliveira | Pai João de Angola
16 x 23 cm
220 páginas

O LADO OCULTO DA TRANSIÇÃO PLANETÁRIA

O espírito Maria Modesto Cravo aborda os bastidores da transição planetária com casos conectados ao astral da Terra.

Wanderley Oliveira | Maria Modesto Cravo
16 x 23 cm
288 páginas

ebook

PERDÃO - A CHAVE PARA A LIBERDADE

Neste romance revelador, conhecemos Onofre, um pai que enfrenta a perda de seu único filho com apenas oito anos de idade. Diante do luto e diversas frustrações, um processo desafiador de autoconhecimento o convida a enxergar a vida com um novo olhar. Será essa a chave para a sua libertação?

Adriana Machado | Ezequiel
14 x 21 cm
288 páginas

ebook

1/3 DA VIDA - ENQUANTO O CORPO DORME A ALMA DESPERTA

A atividade noturna fora da matéria representa um terço da vida no corpo físico, e é considerada por nós como o período mais rico em espiritualidade, oportunidade e esperança.

Wanderley Oliveira | Ermance Dufaux
16 x 23 cm
279 páginas

ebook

NEM TUDO É CARMA, MAS TUDO É ESCOLHA

Somos todos agentes ativos das experiências que vivenciamos e não há injustiças ou acasos em cada um dos aprendizados.

Adriana Machado | Ezequiel
16 x 23 cm
536 páginas

ebook

RETRATOS DA VIDA - AS CONSEQUÊNCIAS DO DESCOMPROMETIMENTO AFETIVO

Túlio costumava abstrair-se da realidade, sempre se imaginando pintando um quadro; mais especificamente pintando o rosto de uma mulher.
Vivendo com Dora um casamento já frio e distante, uma terrível e insuportável dor se abate sobre sua vida. A dor era tanta que Túlio precisou buscar dentro de sua alma uma resposta para todas as suas angústias..

Clotilde Fascioni
16 x 23 cm
175 páginas

O PREÇO DE UM PERDÃO - AS VIDAS DE DANIEL

Daniel se apaixona perdidamente e, por várias vidas, é capaz de fazer qualquer coisa para alcançar o objetivo de concretizar o seu amor. Mas suas atitudes, por mais verdadeiras que sejam, o afastam cada vez mais desse objetivo. É quando a vida o para.

André Figueiredo e Fernanda Sicuro | Espírito Bruno
16 x 23 cm
333 páginas

ebook

LIVROS QUE TRANSFORMAM VIDAS!

Acompanhe nossas redes sociais

(lançamentos, conteúdos e promoções)

@editoradufaux

facebook.com/EditoraDufaux

youtube.com/user/EditoraDufaux

Conheça nosso catálogo e mais sobre nossa editora. Acesse os nossos sites

Loja Virtual

www.dufaux.com.br

eBooks, conteúdos gratuitos e muito mais

www.editoradufaux.com.br

Entre em contato com a gente.

Use os nossos canais de atendimento

(31) 99193-2230

(31) 3347-1531

www.dufaux.com.br/contato

sac@editoradufaux.com.br

Rua Contria, 759 | Alto Barroca | CEP 30431-028 | Belo Horizonte | MG